Hans Köster

Huchown's Pistel of swete Susan. Kritische Ausgabe:

1. Teil

Hans Köster

Huchown's Pistel of swete Susan. Kritische Ausgabe:
1. Teil

ISBN/EAN: 9783337736880

Hergestellt in Europa, USA, Kanada, Australien, Japan

Cover: Foto ©ninafisch / pixelio.de

Weitere Bücher finden Sie auf **www.hansebooks.com**

HUCHOWN'S

PISTEL OF SWETE SUSAN.

KRITISCHE AUSGABE: 1. TEIL.

INAUGURAL-DISSERTATION

ZUR ERLANGUNG

DER PHILOSOPHISCHEN DOCTORWÜRDE

AN DER

KAISER-WILHELMS-UNIVERSITÄT STRASSBURG

VON

HANS KÖSTER

AUS HAMBURG.

STRASSBURG.

KARL J. TRÜBNER.

1895.

Die ganze Ausgabe erscheint als Band LXXVI der „Quellen und Forschungen".

MEINEM LIEBEN VATER

IN KINDLICHER DANKBARKEIT UND VEREHRUNG.

Zu der vorliegenden Arbeit bin ich von Herrn Professor Dr. A. Brandl, meinem hochverehrten Lehrer, angeregt worden. Für die mannigfache Belehrung und reichliche Unterstützung durch Rat und That, die er mir bei Anfertigung derselben stets bereit und in freundlichster Weise hat zu Teil werden lassen, meinen aufrichtigen Dank auszusprechen, sei mir auch an dieser Stelle gestattet.

Strassburg i. E. 24. XII. 94.

H. K.

Zu der vorliegenden Arbeit bin ich von Herrn Professor Dr. A. Brandl, meinem hochverehrten Lehrer, angeregt worden. Für die mannigfache Belehrung und reichliche Unterstützung durch Rat und That, die er mir bei Anfertigung derselben stets bereit und in freundlichster Weise hat zu Teil werden lassen, meinen aufrichtigen Dank auszusprechen, sei mir auch an dieser Stelle gestattet.

Strassburg i. E. 24. XII. 94.

H. K.

INHALT.

I. AUSGABEN UND HANDSCHRIFTENVERHÄLTNIS.

Die „Pistel of swete Susan" liegt uns in vier Handschriften vor:

V — Ms. Vernon (c. 1370—1380) fol. 317 ff., danach zuerst gedruckt von D. Laing in „Select Remains of the Ancient Popular and Romance Poetry of Scotland". Edinburgh ([1.] 1822, [2.] 1885), verlässlicher von C. Horstmann, Anglia I 93—101.

C = Ms. Cotton Cal. A II (c. 1430) fol. I ff., gedruckt von Horstmann in Herrigs Archiv LXII 406—411.

J = Ms. Ingelby in Privatbesitz; die wichtigeren Varianten sind mitgeteilt von F. J. Amours, Early Scot. Text Soc. XXVII (1891—92) S. 172—187, der auch V nochmals druckte und die meisten Varianten der beiden übrigen Hss. beifügte. [1]

P = Ms. Philips Library, Cheltenham 8252 fol. 184 ff., herausgegeben von E. Kölbing und C. Horstmann in Herrigs Archiv LXXIV 339—344.

Eine fünfte Hs., Ms. Addit. 22283, nach den Varianten mitgeteilt von Horstmann, Herrigs Archiv LXII 411 ff., ist wertlos, weil von V direkt abgeschrieben.

Für das Abhängigkeitsverhältnis dieser Hss. ist es in erster Linie bezeichnend, dass sich PCJ, oder in V 1—104, wo C eine Lücke aufweist, PJ mit gemeinsamen Fehlern von V abheben.

Jn V. 106 hat V die Lesart: Ðe chouwet, þe cheverol, þat schaggen on niht. Das sind zwei empfindliche Pflanzen,

---

[1] Herr F. J. Amours hat mir gütigst eine Copie von J für einige Zeit zur Benutzung geliehen; ich bin daher im Stande, auch die minder auffälligen Varianten dieser Hs mitzuteilen.

1

„welche bei Nacht beben" (vgl. Halliwell, Dict. II 726). PC
bieten: þat (þan P) chaungyn on (at C) nyght; sicher ein minder
passender Ausdruck; überdies hätte ein Schreiber nicht leicht
das gewöhnliche „chaunge" in das seltene „schagge" verändert.
J versuchte zu korrigieren in: þat schon opon heyght.
V. 109 liest V : Ðe lilye, þe lovache (Liebstöckel), laun-
syng wiþ leve „emporschiessend mit Laub". Das Bild passt
sehr gut für diese Blumen. C hat: lawnced full leve, J : þe
launches so lefe, beide also mit adjektivischer Auffassung von
lefe (ae. lêof), was keinen rechten Sinn giebt. P hat die
Lesart von C noch weiter verderbt: launcyng ful evene.
In V. 112 haben PJ die Lesart von V : Wiþ ruwe
and rubarbe, ragget ariht (ragget = sparrig, vgl. Flügel,
Dict.) verändert in das farblose rawnged, und C in raylid.
In V. 155 hat V : Hir servauns hedde selli. PCJ haben
„selli" durch das gebräuchliche „ferly" ersetzt. „selly" ver-
dient aber den Vorzug wegen des Stabreims und weil „selli",
eigentlich Adj. (ae. sellîc), in subst. Bedeutung sonst selten
gebraucht wurde; bei den nördlicheren Dichtern aber finden
sich mehrfach Belege, z. B. Patience EETS. I V. 140, Gawain
and the grene knight (ed. Madden im „Syr Gawain" 1839)
V. 28, 475, 2170 als Plural 239, sowie Yw. und Gaw. V. 3521.
In V. 296 haben PCJ das im nächsten Strophenanfang
vorkommende „dissevere" für das seltene und wegen des
Stabreimes geeignetere „twinne" (V) eingesetzt.
In V. 320 haben PC das ungewöhnliche „mase" (=
ne. bewilderment) in das sinnlose „messe" und J sogar in
„meses" verändert.
In den Versen 1—104, wo C fehlt, stimmen PJ in
folgenden Fehlern überein:
In V. 39 haben PJ „gomes" aus der vorhergehenden Zeile
herübergenommen und für das sinngemässe „juges" (V) eingesetzt.
In V. 82 On peron and pynnapel þei joyken in pees
(V.), d. h. „auf Birnbäumen und Ananasbäumen sitzen sie
auf im Gleichgewicht", haben PJ den Jagdausdruck „joyken"
(= afrz. jocquier, ne. to juke) in ziemlich übereinstimmender
Weise korrigiert, P durch „prikkyn", J durch „pykyn".

In V. 92 hat V das seltene Wort „fodemed", das in Zusammenhang mit „fodme" (= Erzeugnis) zu bringen ist, bewahrt. P hat dafür das gewöhnliche „formed", offenbar die Vorstufe für „found" in J. In V. 98 ist das wenig belegte Wort „flayre" (= Duft) in PJ durch das ganz gewöhnliche Adj. „faire" ersetzt. In V. 100 bieten für das seltene „Đey waled" (V) J „at wille" und P das graphisch verwandte „As y telle". Auch in V. 104 steht für „enhaled" (V), d. h. „eingeatmet" (ein bisher im Me. noch nicht belegtes Compositum, vgl. Skeat. Etym. Dict. unter inhale), in P „þei felle" und in J das verwandte „on hille".

Dagegen scheint es mir kein Fehler, wenn in V. 358 VPJ lesen: (Wer an den Herrn glaubt,) þar him not lees, d. h. braucht sich nicht verloren zu geben, nicht zu fürchten. Brade (Über Huchown's Pistil of swete Susan. Diss. Breslau 1892 S. 6) hat auf diesen angeblichen Fehler sein Handschriftenverhältnis gestützt. Brade zieht die Lesart von C vor: þar hym not drede, no lees. Der lange Auftakt und noch mehr die Flickformel „no lees" sind mir dabei sehr verdächtig. Ich kann mir leicht denken, dass sie ein Schreiber verbrochen hat, weil ihm „leesen" in der Bedeutung „verloren geben" ungebräuchlich vorkam. Dass sie sich thatsächlich findet, wenn auch selten, beweist Mätzner, Wörterbuch, II 216 unter „leosen".

Die Abweichungen von C gegenüber VPJ, die Brade für seine Genealogie C—J.PV noch beibringt, beweisen für die Zusammengehörigkeit von VPJ nichts.

PCJ gehen also auf eine Vorlage X zurück, deren Fehler fast schon so schwer wiegend waren wie die, welche wir in V finden werden.

Innerhalb dieser Familie X haben wieder C und J mehrere Fehler gemein.

In V. 119 wird erzählt, wie Susanna in ihren Garten ging, þat holden wiþ hende, d. h. „diese Liebevollen mit Dienern". P hat „hende", das in V als Substantivum aufzufassen ist, wie es auch sonst, freilich nur selten, vorkommt (vgl. Mätzner, Dict.), als Adj. genommen und danach verändert:

1*

þat holdyn were hende; CJ fassen es als Adverb: holden
(halden J) full hende.

In V. 147 lesen V und P: I (shal P) be bretenet and
(or P) brent, in (with P) baret to byde; CJ haben für das
seltene „baret", d. h. Sorge, Kummer (vgl. Halliwell, Dict.
I 142), das gewöhnliche, aber hier sinnlose „bales" eingesetzt.

In V. 162 lassen CJ die Priester zu Susanna sagen: þy
goddess (goddys) to greve, d. h. „Deine Götter zu betrüben",
während VP haben: þi god to greve. Dass CJ geändert
haben, liegt auf der Hand. Der frommen jüdischen Susanna
den Vorwurf zu machen, ihre Götter betrübt zu haben, ist
aus dem Munde der Priesterrichter unmöglich. Dagegen ist
die Lesart von VP „Deinen Gott zu betrüben" wohl am
Platz.

V. 173 überliefert P richtig in Uebereinstimmung mit
V: Al onwyse of þat wyf wondred þei ware (V). C hat die
sinnlose Lesart: All wyves and wydowes awondred þey warc.
J hat diese Veränderung noch weiter getrieben: Alle wyes for
þat wyfe u. s. w.

In V. 211 haben CJ das seltene, aber passende Adv.
„deftly" (P), d. h. „ehrbar", nicht verstanden und es durch
„dressyd" (C), „dressand" (J) ersetzt. Auch V änderte, aber
ganz anders : „richeli".

In V. 306 lesen VP: (Nou schal þi) conscience (be knowen,
þat ever was unclere). CJ haben „covetyse", das in seiner
gewöhnlichen Bedeutung „Habsucht" durchaus nicht in die
Geschichte passt, aber auch in der allgemeinen Bedeutung „Be-
gehrlichkeit" zu dem Nachsatz „þat ever was unclere" nicht
stimmt, denn „covetyse" ist selbstverständlich immer „unclere".

In V. 342 überliefern VP: þei pleied bi a prine, über-
einstimmend mit der Quelle (Vulgata, Daniel XIII V. 58), die
sub prino bietet; CJ haben dagegen: be a pine.

Keinen Gegengrund gegen diese Stellung von CJ bieten
die beiden Verse:

In at a prive posterne þei passen in hi (VP) V. 159, und
Đei be fendus, al þe frape, I sei hit in feiþ (VP)
V. 289,

wo sich nach Brade a. a. O. S. 8 die bessere Lesart in

CJ finden soll, nämlich; þei presyd in hi V. 159 und: ȝe arn fonned V. 289. Was „presyd" anbetrifft, ist es eher in CJ unrichtiger Weise aus dem folgenden „prest" V. 180 heraufgelesen worden; überhaupt sahen sich „passed" und ein abgekürztes „p'sed" (vgl. z. B. Madden, Syr Gawain S. 32 V. 830) sehr ähnlich. Solche naheliegende Veränderungen konnten sich gelegentlich auch bei zwei verschiedenen Copisten von selbst einstellen. Die Bezeichnung „fonned" (mürrisch) aber für die beiden Sünder, welche Daniel andonnert, ist entschieden zu schwach und eher unter die Fehler von CJ zu stellen.

C und J bilden daher eine Unterabteilung Y gegenüber P, das manche ihrer Fehler nicht hat, dafür sich aber durch Kühnheit in selbständigen Veränderungen diskreditiert.

Es stellt sich demnach für die Handschriften folgender Stammbaum heraus:

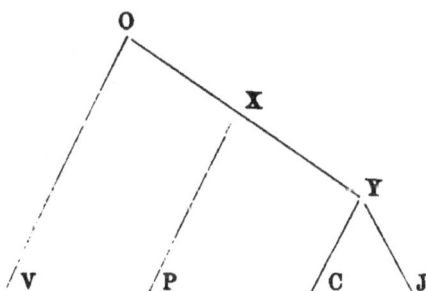

```
            O
           / \
          /   X
         /   / \
        /   /   Y
       /   /   / \
      /V  /P  /C  \J
```

V ist auch nicht frei von Fehlern, aber sie haben einen leichteren Charakter und beruhen meistens auf Flüchtigkeit. Fehlerhaft — abgesehen von dialektischen Schreibungen — ist in V: Elches statt Elchies 15, þat statt þeir 18, may statt maire 19, þat statt þere 21, domus statt domesmen 32, dredful statt derfful 40, his statt þat 42, trinaunt statt thrivand 72, þe þorne statt þeve þorn 73, scetes statt sees 86, blaunderers statt blaunderelles 97, sorsecle statt solsecle 110, charuwe statt caraway 111, Ȝe statt Ðe 137, wreche statt wrethe 150, hed statt here 192, þauȝ statt þey 235, feerus statt feere 248, gultes statt ȝiftes 276, Ðei statt Ȝe 289, þe statt to 301, sinned statt sinne 313, nere statt ne 318. Irriger Weise ist in V hit 247, nou 273, he 330 eingeschoben; es fehlt was 68, to 225, it 363. Absichtliche Aenderungen liegen wohl nur vor in: schaply þing statt ȝing ȝapely 118, richeli statt deftly 211, to byte statt to britten 351, pine statt fine 344. Daraus folgt, dass CJ und P zusammen nicht so schwer wiegen als V allein. Die Uebereinstimmung eines Gliedes von X mit V gewährleistet die Richtigkeit des Textes, dem im allgemeinen V zu Grunde zu legen ist.

II. QUELLE UND ZEIT DER ABFASSUNG.

Als Quelle diente dem Dichter die Bibel, Daniel XIIJ 1—63, und zwar soll ihm nach einem Vortrage von T. P. Harrison (vgl. Publications of the Modern Language Association of America 1893 Bd. III Nr. 4 S. 61) die Theodotion-Ausgabe vorgelegen haben. Die griechische Bearbeitung des Propheten Daniel von Theodotion kam im zweiten Jahrhundert in kirchlichen Gebrauch (vgl. Kaulen, Geschichte der Vulgata. Mainz 1868 S. 101); man pflegte jam in ipsa antiquitate Christiana Graecum libri Danielis textum non tam ex LXX virorum interpretatione quam juxta Theodotionem legere (Tischendorf, Vetus Testamentum graece juxte LXX interpretes. Leipzig 1856 I. p. XLVII). Aber schon im vierten Jahrhundert entstand die Bibelübersetzung des Hieronymus, die sogenannte vulgata, die bis ins XV. Jahrhundert die einzige authentische war und sich über das ganze Abendland verbreitete. Diese nahm den Propheten Daniel nach Theodotions griechischer Uebersetzung auf (vgl. Kaulen S. 168, 208, 230 ff.). Die Uebersetzung ist wortgetreu, sodass es von geringer Bedeutung ist, ob man die vulgata oder den Theodotion als Quelle für das Gedicht ansieht.

Der Dichter folgte fast Vers für Vers seiner Vorlage; nur in V. 66—105 hat er, dem Einfluss des Rosenromans folgend, eine weitläufige Beschreibung des Gartens eingeschoben. Doch haben die verhältnismässig geringen Veränderungen, die er vornahm, manches Charakteristische.

I. AUSLASSUNGEN.

1. V. 57, der der Erzählung ein specifisch israelitisches
Gepräge giebt: Sic faciebatis filiabus Israel et illae timentes
loquebantur vobis; sed filia Juda non sustinuit iniquitatem
vestram.

2. Nebendinge, die entweder selbstverständlich oder
unbedeutend sind und mit ihrer Umständlichkeit den poetischen
Schwung des Dichters gestört hätten:
(parentes) cum essent justi. V. 3.
Et constituti sunt de populo duo senes judices in illo anno.
V 5.
Ad eos (judices) veniebant omnes, qui habebant judicia. V. 6.
Et fecerunt sicut praeceperat, clauseruntque ostia pomarii, et
   egressae sunt per posticum, ut afferrent, quae jusserat
   nesciebantque senes intus esse absconditos. Cum autem
   egressae essent puellae. . . . V. 18, 19.
Ecce ostia pomarii sunt clausa. V. 20.
Et facta est dies. V. 27.
Et statim miserunt. V. 29.
Reversus est populus cum festinatione: et dixerunt ei senes:
   Veni, et sede in modio nostrum, et indica nobis, quia tibi
   Deus dedit honorem senectutis. V. 50.

Ferner das unvermutete Zusammentreffen der Priester
im Garten, das gegenseitige Verraten ihres Planes und ihre
Verabredung Susanna aufzulauern. V. 10—16.

3. Anstössige Stellen, so:
quam ob rem assentire nobis et commisceri nobiscum. 20.
At iniqui illi jusserunt, ut discoperiretur (erat enim coo-
   perta), ut vel sic satiarentur decore ejus. V. 32.
Wo die Deutlichkeit des Sinnes solche Stellen verlangt, um-
schreibt sie der Dichter geschickt.

II. ERWEITERUNGEN UND ZUSAETZE.

1. Die ausführliche Beschreibung des Besitzers Joachim
V. 5—13 und V. 65—118. Hier folgt der Dichter dem
Geschmacke seiner Zeit, der, unter dem Einfluss des Roman

de la Rose stehend, Aufzählungen und Beschreibungen von Gärten u. dergl. liebte.

2. Die genauere Schilderung der Personen:

a) Susanna:

ihre äussere Erscheinung, abgesehen von den vielen Epitheten :. V. 192 – 195;

ihre Herknnft: V. 16 – 18;

ihre Erziehung: V. 18 – 20.

Ferner wird mehr als in der Quelle hervorgehoben:

ihre Unschuld und Reinheit: V. 52, 120, 122;

ihre Vornehmheit: V. 144 u. ff., indem sie sich gar nicht in ein Gespräch mit den Priestern einlässt; ihre Ehrfurcht vor Gott: V. 25 und V. 150;

ihr Gottvertrauen: V. 190;

ihre Grossmut: V. 241.

Sie ist dem Dichter die künstlerische Hauptperson und zugleich Gegenstand seiner wärmsten persöulichen Sympathie.

b) Die Priesterrichter: sie erscheinen noch verwerflicher als in der Bibel, durch stärkere Hervorhebung

ihrer Unverschämtheit im Garten: V. 42—43;

ihres frechen Benehmens vor Gericht: V. 341;

ihrer Heuchelei: V. 203, 210, 221 —222 und durch ihre Beteuerungen: V. 220 u. V. 315.

Scharfer Ton gegen geistliche Richter herrschte im Norden schon zu Anfang des XIV. Jahrhunderts: vgl. die Satire auf die geistl. Gerichtshöfe bei Böddeker, Ms. Harley 2253 P. L. IV.

3. Was Geschehnisse anbetrifft, so ist die Abschiedsszene Susannas von ihrem Gatten (V. 244 – 260) vollständig erfunden. Niemand wird sie ohne Rührung lesen. Sie enthüllt uns vortrefflich das edle Gemüt der Heldin, gorade bevor sie ungerecht verurteilt wird. — Ferner ist das Auftreten des Daniel dramatischer. „Warum vergiesst ihr unschuldiges Blut?" (V. 284) ruft er in die Menge binein, worauf „alle stutzten und dastanden, dies Wunder zu begreifen". In der Bibel sagt er ganz ruhig und einfach: Muudus ego sum a sanguine hujus. Conversus omnis populus ad eum dixit . . . (V. 46—47).

Endlich werden die Priester in dem Gedichte strenger

bestraft als in der Quelle. Die Bibel überliefert nur: et interfecerunt eos (V. 62). Dagegen heisst es im Gedicht: „Sie trompeten vor diesen Verrätern und schleifen sie mit allgemeiner Zustimmung durch die ganze Stadt (V. 356—357)."

4) Liessen sich diese genannten Veränderungen alle auf künstlerische Rücksichten und auf die allgemein menschliche Teilnahme des Dichters an der Geschichte zurückführen, so scheint bei dem Schluss des Gedichtes noch ein anderes Moment mitzuspielen. Die Bibel bot nämlich: Helcias autem et uxor eius laudaverunt Deum pro filia sua Susanna cum Joachim marito eius et cognatis omnibus, quia non esset inventa in ea res turpis (V. 65). Von dieser Freude der Verwandten und des Gatten über die Rechtfertigung Susannas erwähnt der Dichter so gut wie nichts. Er sagt nur: „Alle, die ihr zugethan waren, freuen sich und jubeln (V. 354)". Und doch hat er sonst jede Gelegenheit benutzt, um solche lyrische Stellen getreu wieder zu geben, zu erweitern oder sogar zu erfinden. Man erinnere sich an die Abschiedsszene V. 244—260! Warum unterdrückt er hier den Jubel der Verwandten und des Gatten, womit er sich einen glänzenden Schluss verschafft hätte, um dafür eine schlichte Mahnung zum Gottvertrauen einzufügen: Wer an diesen Herrn glaubt, braucht nicht zu verzweifeln (V. 358)?

Zu denken giebt es auch, dass Joachim in der Bibel nur als ein reicher und allgemein geachteter Mann (V. 4) erscheint, im Gedicht dagegen als ein Fürst, dessen Gleichen es damals nicht gab (V. 3, 29). Susanna ist in der Bibel nur „sehr schön, zart und erzogen nach dem Gesetz Moses" (V. 2—3); im Gedicht ist sie „eine von Adel, in jeder Weise von Herkunft edel und gut (V. 16—17); beständig in ein seidenes Gewand gekleidet (V. 196)"; sie ist umgeben von einer Dienerschaar (V. 157); die Priester nennen sie „þeir sovereyn (V. 223)". Schliesslich nimmt das ganze Volk Israel an ihrem Schicksal Anteil, dagegen in der Bibel nur die Versammlung (V. 352).

Die Neigung des Dichters zu glänzenden Beschreibungen mag dies zum Teil erklären. Dennoch blieb es eine Kühnheit, Susanna und ihren Mann gegen das Zeugnis der Bibel

zu köuiglichcr Würde zu erheben, um so mehr, als es dem
Kern der Geschichte nicht zum Vorteil gereicht; denn dass
eine so hochstehende Frau vor ihren Verläumdern gerettet wird,
ist kein so grosser Beweis göttlicher Fürsorge, als wenn es
sich um eine zarte Frau aus bürgerlichem Kreise handelte.
Wäre nun zu erweisen, dass ungefähr in der Zeit, wo
das Gedicht mutmasslich entstand, eine Art Susanna-Geschichte
in königlicher Sphäre wirklich vorfiel und dass der Dichter
dem Hofe nahe stand, so könnte man wohl vermuten, er
habe im Hinblick auf dies Ereignis geschrieben.
Was wissen wir vom Verfasser?
Der schottische Chronist Wyntown (um 1420, ed.
Laing: The originale Chronycle of Scotland. The Historians
of Scotland. Edinburg Bd. III V. 306) nennt als Verfasser
einer „pistel of swete Susane" einen offenbar schottischen
Dichter Huchown, von dem er noch mehrere Epen aufzählt,
dessen Stil er als „curious" bezeichnet und dem er zugleich
das Prädikat „of the awle ryale", d. h. vom königlichen Hof,
beilegt. Es wäre überklug, unsere Legende, die sich am
Schluss ausdrücklich the pistel (d. h. Epistel) nennt, die
einen entschieden nördlichen Dialekt, eine höfische Lebens-
auffassung, sowie eine Menge seltsamer Wörter und Wendungen
hat, nicht für Huchowns Susanna halten zu wollen. William
Dunbar feruer nennt im „Lament for the makaris" in der vierzehnten Strophe einen älteren schottischen Dichter Schir Hew
of Eglintoun. Trautmann (Anglia I 148) hat höchst wahrscheinlich gemacht, dass Huchown mit Hew of Eglintoun
identisch ist. Die erste Kunde, die wir von einem Hugo von
Eglintoun im XIV. Jahrhundert in Schottland haben, stammt
aus dem Liber Pluscardensis 1342 (ed. Skene. Edinburg 1872
Vol. I 290), wonach er als Soldat zugleich mit Stewart, Boyd
Cragy und Fourlatoune vom König zum Ritter geschlagen
ward. In demselben Jahre ward er mit Stewart zugleich ge-
fangen genommen und mit einem grossen Lösegeld freigekauft.
Darauf begegnen uns zwei Hugo von Eglintoun, die beide in
denselben gesellschaftlichen Sphären leben. Der eine ist 1348
vermählt mit Agnes More, der Cousine Roberts III (vgl.
Burnctt, The Exchequer Rolls of Scotland. Edinburgh 1878—80

Bd. III p. LXXIII Fussnote). Agnes ist 1394 die Gemahlin von David Tulach (vgl. Exchequer Rolls III 346). Dieser Hugo v. Egl. muss also vor 1394 gestorben sein und wohl etliche Jahre vorher, da Agnes sonst bei ihrer Wiederverheiratung über sechzig Jahre alt gewesen wäre. Weiteres ist mir über diesen Hugo v. Eglintoun nicht bekannt. Der dritte Hugo v. Egl. ist im Jahr 1365 (vgl. Exchequer Rolls II 221) vermählt mit Egidia, der Schwester Roberts II. und Wittwe des David von Lindsay (gestorben um 1358). Er steht demnach ebenso wie der zweitgenannte Hugo v. Egl. in engverwandtschaftlicher Beziehung zu den Stuarts. In einem Schreiben vom Jahre 1371 bezeichnet der König Robert II. seinen Schwager Hugo v. Egl. mit „dilectus frater" und mit „miles". Die gleiche Bezeichnung „miles" findet sich, um Stand und Rang auszudrücken, Exchequer Rolls II 385 einem Hugo v. Eglintoun beigefügt, der gemeinsam mit Johann Barbere und anderen hohen Würdenträgern als Mitglied der vom König eingesetzten Kommission zur Revision der Rechnungsbücher des königlichen Schatzmeisters aufgeführt wird. Demnach ist wohl Hugo v. Egl., der Gemahl der Egidia, und Hugo v. Egl., das Mitglied dieser Revisionskommission, ein und dieselbe Person. In dieser Kommission befindet er sich im Jahre 1373, 1374 und zum letzten Male am 14. März 1375 (vgl. Exchequer Rolls II 428, 455, 469, 497). In einem Rechnungsbericht vom 28. Oktober 1376 (vgl. Exchequer Rolls II 517) wird Egidia als Gemahlin des quondam Hugonis genannt. Dieser Hugo v. Egl. ist also gestorben zwischen dem 14. März 1375 und 28. Oktober 1376. Laing und nach ihm Trautmann (vgl. Anglia I 149) identifizieren den letztgenannten Hugo v. Egl. mit unserm Dichter. Alles, was wir von ihm wissen, lässt diese Ansicht als höchst wahrscheinlich erscheinen. Hugo v. Egl. nimmt eine hohe, angesehene und geachtete Stelle am Hofe ein, wozu Huchowns „of þe awle ryale" sehr gut stimmen würde. Als Schwager des Königs ist er auch allgemein bekannt, sodass Wyntown ihn noch mit dem familiären Namen erwähnen konnte, während der ein Jahrhundert später lebende Dunbar den vollen Namen gebrauchen musste. Die Wärme, mit der Wyntown für ihn eintritt und ihn ausdrücklich der Liebe der Gebildeten empfiehlt (V. 302), lässt sogar vermuten, dass er ihm persönlich nahe stand. Bei Lebzeiten dieses Hugo v. Egl. trug sich nun wirklich am schottischen Hofe ein Ereignis in der Art der „Susanna" zu, das viel von sich reden machte. Es ist die Geschichte der Margarethe Loggia.

König David hatte im Jahr 1363 Margarethe Loggia, „quandam magnam dominam" (vgl. Fordun, Chronica gentis Scotorum ed. Skene. Edinburg 1871 S. 382), geheiratet. Seine erste Ehe war kinderlos gewesen. Die Stuarts hatten daran ein besonderes Interesse; denn ihre Erbaussichten auf den schottischen Thron wurden durch diese zweite Ehe sehr vermindert; wir erfahren sogar, dass Margarethe das Haupt einer gegen die Stuarts gerichteten Partei wurde, und dass der Stuart und sein dritter Sohn Alexander 1368/69 ins Gefängnis geworfen wurden, wie man vermutet auf Veranlassung Margarethes (vgl. Burnett, Exchequer Rolls II p. LX und LXI). Am 20. März 1369 wurde Margarethe von ihrem königlichen Gemahl geschieden. Was der eigentliche Scheidungsgrund gewesen, ist noch nicht genügend aufgeklärt; Lib. Pluse. I 307 giebt als Grund an „eo quod ipsa impregnatam finxit et non fuit", was einer Intrigue sehr ähnlich sieht. Jedenfalls geschah es gegen den Willen und das Rechtsgefühl der Königin, denn Margarethe floh nach Avignon und appellierte an den Papst. Dort starb sie nach dem Tode ihres Gemahles David, d. h. nach 1370. Nachträglich ward im Jahre 1373/74 ihre Ehe, die kinderlos geblieben war, für gültig erklärt.

Uebereinstimmungen der „Susanna" mit dieser thatsächlichen Geschichte sind offenbar vorhanden. Zunächst solche, die bereits von der biblischen „Susanna" gelten:

1. Margarethe sollte wegen angeblicher Falschheit von ihrem Mann getrennt werden, ebenso Susanna;

2. Margarethes Angelegenheit war beim geistlichen Gerichtshof anhängig, ebenso die der Susanna;

3. Margarethe appellierte an den Papst, den Stellvertreter Gottes, und es war zu hoffen, dass sie Gehör finden würde; Susanna vertraute auf Gott und fand den Beistand seines Propheten.

Diese Uebereinstimmungen mochten Huchown bei der Stoffwahl leiten. Es giebt aber auch Uebereinstimmungen mit dem Fall Margarethe, die bei Huchown noch dazukommen:

1. Margarethes Gemahl war königlich; ebenso Susanna und Joachim bei Huchown.

2. Margarethe stammte aus der hochangesehenen Familie Drummond, welche dem schottischen Thron zwei Königinnen gab (vgl. Exchequer Rolls II p. LV). Fordun a. a. O. nennt sie „honestam et nobilibus (od. nobilem) ortam natalibus de regno suo oriundam". — Susanna heisst bei Huchown: one of þat lynage, of alle fason of foode frely and faire (V. 16—17).

3. Margarethe war nicht mehr ganz jung; sie hatte bei der Vermählung mit David II. aus erster Ehe schon einen erwachsenen Sohn (Exchequer Rolls II p. LVII). So wird auch bei Huchown Susanna nicht als jung geschildert, sondern „eldest and heir" (V. 14) genannt, und einmal sagt sie von sich: in elde and in ȝouþe V. 251.

4. Das Verhältnis der Margarethe zu ihrem königlichen Gemahl war ein sehr inniges: Cest matrimoigne fust fait soulement per force damours, qe toutȝ veint (Scalachronica p. 203; vgl. Exchequer Rolls II p. LIV Fussnote). — Ebenso stellt Huchown das Verhältnis der Susanna zu Joachim viel herzlicher dar als die Bibel.

Endlich ist zu beachten, dass sich die Weglassung des triumphierenden Schlusses aus der Bibel bei Huchown sehr wohl begreifen lässt, wenn er während der Monate schrieb, in denen Schottland dem Scheidungsprocess seines Königs und seiner Königin in banger Spannung zusah: der Triumph der beschuldigten Königin und die Stunde ihres frohen Wiedersehens mit dem König kam eben nie. Die Sache lag auf aller Lippen; die Thronfolge hing damit zusammen und das persönliche Glück des Königs. Liber Pluscardensis (a. a. O. S. 307) sagt, dass Susanna durch ihre Appellation beim Papst das ganze schottische Königreich aufregte (turbavit).

Man braucht unter solchen Umständen gar nicht an irgend eine Tendenz zu denken, die Huchown mit seinem Gedichte hätte verfolgen wollen. Es liegt in der Natur der

Poesie, dass sie unwillkürlich und oft unbewusst nach einem Ausdruck für das sucht, was das Gemüt einer Nation bewegt. Das Wort, welches für Huchowns Beurteilung der Sachlage bezeichnend ist, steht am Schluss seiner Erzählung: „Wer an den Herrn glaubt, braucht nicht zu verzweifeln", d. h. ist Margarethe so unschuldig wie Susanna, so wird ebenso wie Susannas auch Margarethes Unschuld offenbar werden. Hingewiesen sei noch auf den Umstand, dass Hugo von Eglintoun ein Hofmann war, und um eine Hofgeschichte handelt es sich hier. Die Susanna ist sicher nicht von einem Geistlichen, obwohl eine Legende; schon wegen des Angriffes auf die geistlichen Richter. Wohl aber passt die Vorliebe für glänzende Beschreibungen, besonders des Gartens, für einen höfischen Dichter.

Lässt man den hier entwickelten Anlass für Huchowns höfische Legende gelten, so gewinnen wir nicht bloss ein innigeres Verständnis für manche individuell gehaltene Stelle, sondern auch eine genauere Angabe der Entstehungszeit. Das Gedicht muss um 1369, d. h. um die Zeit der Ehescheidung, geschrieben sein und zwar ziemlich sicher noch vor dem 20. Februar 1370, dem Todestag Davids II., denn mit dem Regierungsantritt der neuen Dynastie der Stuarts, der jetzt erfolgte, verlor das politische Interesse für Margarethe den Boden.

Dadurch rückt „Susanna" zum Rang eines der ältesten Gedichte im schottischen Dialekt auf, die wir besitzen. Barberes Bruce wurde erst 1375 vollendet, und dass sein Trojanerkrieg früher entstanden und mit den erhaltenen Fragmenten sich deckt, ist wohl wahrscheinlich, aber nicht gewiss. Wertvoll ist es auch, dass wir neben dem Aberdeener Barbere an Hugo von Eglintoun einen Vertreter des Südschottischen gewinnen, denn sein Schloss Eglintoun stand in Ayrshire, in Lothian war er Friedensrichter, aus Crawford holte er sich seine Frau Egidia.

III. METRIK.

Auf den ersten Blick springt es in die Augen, dass wir es in Ss. mit der dreizehnzeiligen Strophe abab abab $c_1$dddc$_2$ zu thun haben; dabei sind a und b Langzeilen, die durch eine Cäsur streng in zwei Vershälften geteilt sind; die zweite Vershälfte hat Endreim und ist zugleich mit der ersten Vershälfte regelmässig durch Stabreime verbunden. Nur in folgenden Versen fehlt diese Verbindung: V. 5, 28, 121, 163, 211, 251; davon haben V. 5, 28, 121 je zwei Separatstäbe in den beiden Vershälften, und V. 211 u. 251 zwei Stabreime in der einen Vershälfte, in der andern aber keinen. Ueber die Verteilung der Stäbe vgl. Brade a. a. O. S. 26. ff. c_1 ist ein sogenannter Bobvers mit einem einzigen Fuss, dddc$_2$ sind Kurzzeilen.

Genau dieselbe Strophenform findet sich vorher in der me. Litteratur nicht, aber manche verwandte. Charakteristisch für diese Strophe ist die Verbindung zweier ungleicher Teile: des Aufgesangs, der stets wieder in zwei gleiche Hälften (Stollen) teilbar ist, und des Abgesangs, der nicht so teilbar ist. Es ist also eine ungleichmässig dreiteilige Strophe. In Ss. ist der Anfang des Abgesanges scharf markiert durch den Bobvers, während in andern derartigen Strophen diese starke Sonderung fehlt. Das Prinzip dieser Dreiteiligkeit, abgesehen von Einzelheiten, findet sich in der me. Litteratur seit dem XIII. Jahrh. (vgl. Schipper, Altengl. Metrik I S. 402 ff.); so begegnen in den Denkmälern vor Ss. folgende Strophen dieser Art:

a) ohne Bobvers in:

Lullaby (Rel. Ant. II 177, Hs. um 1308) aaaa bb,

Aus dem Ms. Harley 2253 (ed. Böddeker 1878): P.L. III.

(Luxus der Weiber) abab abab ccc,

P. L. II. (Klage des Landmannes) abab abab cdcd,

P. L. IV. (Klage über das Verfahren der geistl. Gerichtshöfe) aabaab aabaab ccdddc,

W. L. I. (Johon) aaaa aaaa bb,

W. L. III. (Liebesflehen) aab aab baab,

W. L. IV. (des Dichters Reue) abab abab cdcd,

W. L. VI. (Begegnung im Walde) abab abab cdcd (1.
u. 5. Str.),
W. L. XIV. (Gruss an die Geliebte) ab ab bbcc (wo cc
Refrain ist),
G. L. I. (Middelerd for mon wes mad) abab abab cbc,
G. L. XII. (Nou shrinkeþ rose and lylie flour) aab aab
cbcb,
G. L. XVIII. (Lutel wot hit anymon) abab bbcc (wo
cc Refrain ist),
Sprüche Hendynge (Mätzner, Altengl. Sprachproben I 304,
Böddeker. Ms. Harley 2253. S. 287), aab ccb d e (quoþ
Hendyng),
Liebeswerben um die Elfin (Rel. Ant. II 19) abab abcb
ccc (?),
Evangelium Nicod. (Arch. LIII 389) abab abab cdcd,
Marienlegende (Altengl. Leg. Horstmann, 1881 S. 499) abab
abab cdcd,
Of the Manners to bring one to Honour and Welfare
(E. E. T. S. 32 S. 34) abab abab cdcd,
How the good wyf tauȝte hir doughter (E. E. T. S. 32 S. 36),
aa bb ccd, wo d Refrain: (Mi leve child) ist.
Disput zwischen Maria und dem Kreuz (E. E. T. S. 46,
S. 131, 197) abab abab cdddc, und aab aab cdddc,
Festtage der Kirche (E. E. T. S. 46, S. 210) abab abab cdddc,
Laurence Minot (Ritson 1825) No. II, VIII, IX, X aa aa bb,
Perle (E. E. T. S. I, 1) abab abab bcbc,
und als Krönung eigentlich auch Chaucers rhyme royal
abab bcc.
Auch das Strophengebilde des „Gawain und der grüne
Ritter" (E. E. T. S. 4) mag daraus entstanden sein. Der Abgesang besteht aus Kurzzeilen abab und ist durch einen Bob,
reimend mit b, vom Aufgesang getrennt. Der Aufgesang freilich ist ohne Reim, alliterierend und von freier Verszahl.
Die bisher aufgeführten Gedichte sind abgefasst in drei-
teiligen Strophen ohne Bobvers. Dieser begegnet zuerst im
Innern des Abgesanges in einem Marienlied des XIII. Jahrhunderts Rel. Ant. I 89 (vgl. Schipper Altengl. Metrik I 406)
abab ccd cd; dann in dem Lied auf die Schlacht bei Lewis

(1246), Ms. Harley 2253, Böddeker P. L. I, aa aa b c (Richard) c (þah þou be ever trichard) b, wobei ccb Refrain ist.

Der eigentliche Bobvers aber, der den Aufgesang ab- schliesst und zur Markirung des Abgesanges vom Aufgesang dient, findet sich erst im XIV. Jahrhundert in:

Ms. Harley 2253, Böddeker P. L. VI (Gefangennahme und Hinrichtung des Simon Fraser 1303) aa aab ccb, Auf die übeln Zeiten unter Edw. II. (Pol. Songs ed. by Th. Wright. Camden Soc. 1839, S. 323) aa bbc c, Drei Strophen von dem Gedicht auf die Belagerung von Tournay (1340, Pol. Poems and Songs ed. Th. Wright. 1859 I 74 u. in Laurence Minot S. 24) abab abab c bc, Lob der Frauen (Engl. Stud. VII 101) abab abab c xc, Sir Tristrem (ed. Kölbing 1882. E. Scot. T. S. 1885) abab abab c bc, York Plays (ed. Toulmin Smith 1885) XXXIII ababbc bc d ccd (?), XXXVI abab bcbc d eeed.

Die Strophen mit Bob erscheinen also zuerst in der Lyrik, dann aber auch im Liebesepos und schliesslich im geistlichen Drama.

Die Strophen ohne Bobvers zeigen eine grosse Mannig- faltigkeit in der Komposition. Es kommt vor, dass sich an den Abgesang noch ein Refrain anschliesst, z. B. Ms. Harley 2253 G. L. XVIII, Sprüche Hendyngs, oder dass anders gebaute Strophen dazwischen eingeschoben werden, z. B. „Fest- tage der Kirche". Ausgeschlossen ist dies in den Strophen mit Bobvers, diese haben alle einen regelmässigern Bau und sind fester in ihrem Gefüge. Der Abgesang hat nie mehr als vier Verse nach dem Bob. Letzterer ist meist syntaktisch oder durch Stabreim mit dem Aufgesang verbunden, und stets reimt er mit dem letzten Vers des Abgesanges, sodass die beiden Teile der Strophe trotz des scharfen Einschnittes durch den Bob ein wohlverbundenes Ganzes bilden.

Was die Herkunft des Bobverses anbetrifft, so haben wir zurückzugehen zu den Troubadours. Als Beispiel für einfüssige Verse im Innern des Abgesanges mag hier eine

Strophe aus Gerault de Borneil (XII. Jahrh., vgl. Brink-
meier, Die provenzalischen Troubadours. Göttingen 1882
S. 65) dienen:

> Ad un fin aman fon datz
> Per si dons respieg d'amor
> E'l sazos e'l luecx mandatz;
> E'l jorn qu'el ser deo, l'onor
> Penre anava pessius
> E dizia sospiran:
> „ Jorns, ben creyssetz a mon dan!
> *E'l sers*
> Auoi m e sos loncx expers.

Dass die Troubadours aber ganz kurze Verse auch zu
Anfang des Abgesangs stellten, um diesen rhythmisch zu
markieren, mag folgende Strophe aus Marcabrun (Mahn, Die
Werke der Troubadours, Berlin 1846 I S. 48) zeigen:

> Marcabruns, lo filhs Na Bruna
> Fo engendratz en tal luna
> Qu'el saup d'amor q'om degruna.
> *Escoutatz,*
> Que anc nos amet neguna
> Ni d'autra no fon amatz.

Speziell die Strophe der „Hinrichtung von Simon Fraser"
ist mit einer Strophe des Bertrand de Born (ed. Thomas.
Toulouse 1888 S. 16) verwandt; freilich ist in der provenzalischen Strophe der Aufgesang durch einen viersilbigen
Vers vom Abgesang getrennt, während in der englischen ein
einfüssiger Bob die beiden trennt. Ich drucke sie beide
neben einander:

D'un sirventes nom chal far lonhor	
ganda,	
Tal talen ai quel diga e que	Ðat yeugge by þis Soottes þat
l'espanda,	bueþ nou to drawe,
Quar n'ai razo tan novela e tan	þe hevedes o Londone brugge whose
granda	con yknawe:
Del jove rei, qu'a fenit sa de-	he wenden han buen kynges, ant
manda	seiden so in sawe.
Son frair Riohart, pois sos pair	betere hem were han ybe barouns,
l'o comanda,	ant libbe in godes lawe
Tant es forsatz!	*wiþ love.*

Pois n'Aenrios terra no te ni manda	whose hateþ soth ant ryht,
Sia reis des malvatz!	lutel he douteþ godes myht,
	þe heye kyng above.

Auch inhaltlich sind diese beiden Gedichte etwas ähnlich: in beiden drückt der Dichter seinen Unwillen über eine politische Handlung aus, bei Simon Fraser über dessen Meineid und Hochverrat, beim französischen Gedicht über die Versöhnung König Heinrichs II. mit seinem Bruder.

Die Strophe der Ss. ist am nächsten verwandt mit der im „Lob der Frauen", einem humoristisch lyrischen Gedicht aus dem südöstlichen Mittelland (Ms. Auchinleck). In beiden Gedichten besteht der Aufgesang aus acht vierhebigen Zeilen abab abab, im Abgesang aber hat Ss. nach dem Bob c noch vier Kurzzeilen dddc, während „Lob der Frauen" nach dem Bob c zwei längere Zeilen xc hat. In der Anordnung der Reime stimmt Ss. zu dem im südwestlichen Mittellande entstandenen „Disput zwischen Maria und dem Kreuz": abab abab cdddc, nur hat Ss. nicht wie dieses Gedicht Langzeilen im Abgesang sondern Kurzzeilen.

Von beiden Gedichten, dem „Disput" und dem „Lob der Frauen", unterscheidet sich die Strophe der Ss. ausserdem noch durch die meistens durchgeführte Alliteration. Hierin steht der Dichter der Ss. unter dem Einfluss der westmittelländischen Schule mit ihrer Neubelebung des altheimischen Verses (vgl. Grundriss II S. 1019). Wahrscheinlich also hat er sich seine Strophe mit einer gewissen Originalität selbst zusammengesucht. Die Form, die er ihr gegeben, blieb mit geringen Abweichungen bis ins XVI. Jahrhundert, namentlich in Schottland, beliebt (vgl. Grundriss II 1015; Anglia XI 408).

Schwieriger ist es, den Rhythmus der einzelnen Verse zu bestimmen. Die Ausführungen von Luick (Anglia XII 437 ff., Grundriss II 1014—1020), so sorgsam und sachkundig sie sind, scheinen mir nicht erschöpfend, da die vielen von ihm herangezogenen Denkmäler meist nur in einer Handschrift, also in unkritischer Ueberlieferung vorliegen. Da die Ss. in vier Handschriften überliefert, der Text also kritisch herzustellen ist, erlaubt sie uns, mit voller Genauigkeit zu

2*

Werke zu gehen. Ich beginne mit den letzten Versen, da diese regelmässiger sind als die ersten.

Zur Controlierung werde ich, soweit es bei einem nicht kritisch gereinigten Texte möglich ist, die verwandte Strophe der aus derselben Zeit und Schule stammenden Romanze „The Aunters of Arthur at the Tern-Wathelan" (AA) mit heranziehen, da sie auch in drei Handschriften erhalten ist. Ein wesentlicher Unterschied der AA von Ss. in der metrischen Anlage ist nur, dass c_1 in AA nicht einhebig sondern eine Langzeile wie a ist. Lübke (The Aunters of Arthur at the Tern-Wathelan, Diss. Berlin 1883 S. 11) stellt folgendes Handschriftenverhältnis auf:

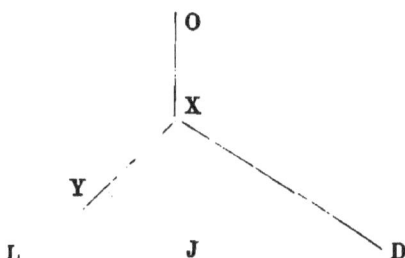

L (Lincoln) = Thornton Hs. (ed. Madden, „Syr Gawain" 1839 S. 95—128 und Laing „Ancient Pop. Poetry of Scotl." 1882).

J = Ireland Hs. (ed. Robson „Three Early English Metrical Romances" 1842. Camden Society).

D = Douce Hs. (ed. Pinkerton „Scottish Ballads" 1792 und Laing „Ancient Pop. Poetry of Scotl." 1822). Die Varianten sind von D auch bei Madden angegeben.

L und D sind wieder abgedruckt von F. J. Amours, der auch die Varianten von J meist angiebt, in „Scottish Alliterative Poems". Scottish Text Soc. 1891—92.

Ich zitiere nach Amours.

Meine Bezeichnungsweise für rhythmische Verhältnisse ist folgende: ′ bedeutet Hebung, x Senkung, (x) Senkung kann fehlen, . Auftakt, .. Auftakt kann zweisilbig, ... Auftakt kann dreisilbig sein, (.) Auftakt kann fehlen.

In Ss. zeigt Zeile 13 meist den Bau (.) ′xx ′. Dies

ist ohne Weiteres klar in 23 von den 28 Strophen des Gedichts (V. 13, 26, 39, 52, 65, 78, 91, 104, 117, 130, 156, 169, 195, 208, 221, 234, 247, 260, 273, 286, 312, 325, 351). Unter diesen sichern Fällen fehlt der Auftakt 2 mal (V. 13, 117). Die erste und zweite Hebung sind in 14 Fällen durch den Stabreim ausgezeichnet, in 9 Fällen fehlt er (V. 39, 52, 104, 130, 169, 208, 247, 260, 312). Dennoch machen diese 9 Verse rhythmisch einen ganz klaren Eindruck, weil sie lauter tonlose Silben in den Senkungen haben, z. B. Þis juges of olde V. 39. Der Stabreim ist hier offenbar mehr ein Schmuck und nicht unbedingt notwendig.

Neben diesem Typus ist aber auch ein zweiter, (.) x x ′ ′, nicht zu verkennen in folgenden drei Versen:

Under þis lórére V. 143,
Al þer fálshéde V. 299,
Of þat próféte V. 364.

Zweifelhaft aber ist, welcher Typus folgenden zwei Versen zu Grunde liegt:

And ful of falshede V. 182 und
Do þat derne dede V. 338.

Drei Hebungen, wie man vielleicht wegen der drei Stabreime in V. 338 annehmen möchte, sind nicht möglich, da die vielen andern derartigen Verse entschieden auf zwei Hebungen hinweisen und ein Schwanken zwischen zwei und drei Hebungen im letzten Kurzvers einer künstlichen, ursprünglich lyrischen Strophe unbedingt auszuschliessen ist. Ein Stabreim muss hier in die Senkung treten. Es ist dies nicht auffällig, da schon im Ae. manchmal, häufig in me. Alliterationsversen mit Endreim ein überzähliger Stabreim auch auf eine bloss nebentonige Silbe sich legen kann, um sie zu schmücken; vgl. Luick, Grundriss II 1017 und namentlich den von King James in seinen „Reulis and cautelis" sicher beschriebenen tumbling-verse „Fetching fúde for to féid it fast fúrth of the Fárie". Schwankend kann man daher nur sein, ob diese beiden Verse nach dem Typus (.) ′ x x ′ oder nach dem Typus (.) x x ′ ′ zu skandieren sind. Luick (Anglia XII 439) will entschieden lesen „And ful of fálshéde" und „Do þat dérne déde".

Er begründet seine Ansicht durch die Annahme, dass dieser
letzte Vers der Strophe nichts anderes sei als die zweite Vershälfte der Langzeilen, und dass in dieser zweiten Vershälfte
häufig der Typus (.)×× ′′ vorkomme. Dieser Ansicht Luicks,
dass die 13. Zeile nichts anderes sei als eine Wiederholung
von a² und b², ist, was den ursprünglichen Bau der Strophe
betrifft, voll beizustimmen; aber auf folgende Unterschiede
in Ss. ist doch hinzuweisen:

a² und b² sind in den 224 Versen nur zweimal (V. 163
u. 215) nicht mit der ersten Vershälfte durch den Stabreim
verbunden, während in c₂ der Stabreim unter 28 Versen
zehnmal fehlt; der Stabreim ist dort im Wesentlichen notwendig, hier ein schmückendes accedens;

in a² und b² zeigt sich häufig der Typus ×′×′, z. B.
þat gáyly gréwe V. 42, ferner V. 7, 79, 82, 162, 163, 175,
176, 278, 300; und zuweilen auch (×)′×××′ z. B. do hire be
wiþdrawen V. 236, ebenso V. 203; beide Typen finden sich
nicht in c₂. Diese Unterschiede sind wohl durch die Los-
lösung aus den Langzeilen und die Verbindung mit den Kurzzeilen d entstanden.

AA ist nicht so rein gearbeitet wie Ss. Der Stabreim
fehlt in c₂ im ganzen zwanzig mal bei 55 Strophen. Die
Typen (.)′××′ und (.)××′′ genügen auch für AA. Ich habe
keinen sichern Fall für den Typus ×′×′ gefunden, in „Of þe
bodi bare" Str. VIII kann man Verschleifung annehmen auf
„bodi".

In der zwölften Zeile (d₃) in Ss. ist für die Zahl
der Hebungen vor allem charakteristisch, dass in 5 Strophen
je drei Stabreime der Art auf satztonige Wörter gelegt sind,
dass sich drei Hebungen von selbst ergeben:

Bliþest briddes o þe best V. 77,
Turtels troned on trene V. 90,
Spyces spedes to spryng V. 103,
His soboldres schaply and schire V. 194,
Semeli Susan þou se V. 337.

In 5 Strophen ruhen die beiden ersten Hebungen auf
den durch Stabreim ausgezeichneten Silben, und die dritte auf
der Reimsilbe:

To god stod hire gret awe 25,
Peletre and plauntayne V. 116,
Hire servauns had selli V. 155,
Þe prestes sauns pite V. 181,
Þis word we wittnesse for ay V. 220.

In 7 Strophen, die vor der Endreimsilbe nur einen
Stab aufweisen, wäre bei Annahme von 2 Hebungen ein
dreisilbiger Auftakt vorhanden, der zum Teil die gewichtigsten
Wörter enthielte, z. B.

And alle þey stoted and stode V. 285,
Þe pistel witnesses wel V. 363, ähnlich V. 38, 64, 246, 285, 311.

In 4 Strophen erspart uns die Annahme von 3 Hebungen
sehr umfangreiche Senkungen:

On dayes in þe merian V. 51, ähnl. V. 142, 259, 272, 324.

In den übrigen Strophen steht der Skansion mit 3
Hebungen wenigstens kein Hindernis entgegen, der schwächste
Fall ist:

Wiþ a brennande brande V. 350.

Demnach sehe ich keinen Anlass, mit Luick und Brade
in den d₃ Versen Zweihebigkeit anzunehmen.

Alliteration fehlt nur 6 mal, sie ist also hier regelmässiger als in c₂.

Was die Verteilung der Senkungen betrifft, so finde ich
den Typus (.)′×′××′ bei weitem am häufigsten, z. B.

Bliþest briddes o þe best V. 77,

ebenso V. 194, 207, 220, 259, 272, 285, 298, 363; minder sicher, weil
Verschleifung oder Synkope anzunehmen ist, sind V. 38, 90, 103, 246,
324, 337; auch skandiere ich nach diesem Typus:

Bote féle ferlýs hire bifélle V. 129,

weil bei der Betonung „férlys" eine dreisilbige Senkung eintreten würde,
die sich sonst in den Kurzzeilen nicht nachweisen lässt. Dass ein Stabreim auf eine nebentonige Silbe tritt, ist nicht vereinzelt.

Ferner zeigen sich folgende Typen:

.′××′×′ z. B. On dáyes in þe mérián V. 51 und
            We tóke þe wiþ ávoutrí V. 142.
(.)′×′×′ Wíþ a brénnand bránd V. 350 und
            Of álle manér of tréos V. 12.

(.)ʹ×׃ʹʹ To gód stod hire gréte áwe V. 25,
Péletre and pláuntaýne V. 116,
Hir sérvauns had séllí V. 155,
De préstes sauns pĭté V. 181.

Diese letzten Verse können nicht in Anschlag gebracht
werden, um unter Hinweis auf die Aehnlichkeit mit den
c_2 Versen Fúl of fàlshéde und Dó þat dèrne déde zu beweisen,
dass wir es in d_3 mit zweihebigen Versen zu thun hätten. In
den beiden c_2 Versen ist nur éine leichte Silbe zwischen den
beiden ersten Stabreimen, nämlich „of" und „þat", hier in d_3
zwei und zum Teil schwere Silben. Ebensowenig sind diese
d_3 Verse gebaut wie a^2 und b^2 mit dem Typus (.)×׃ʹʹ
(s. S. 21), da in diesen d_3 Versen vor den beiden die Hebung
tragenden letzten Silben noch eine dritte betonte und sogar mit
dem Stabreim hervorgehobene Silbe steht, was bei a^2 und b^2
nicht der Fall ist.

Gleiches gilt von AA. Alle Verse lassen sich mit drei
Hebungen lesen; am ehesten zweifelhaft ist Þey scryke[n]
in þe scoes Str. X. Ich skandiere diesen Vers Þey scrýken
ín þe scóes. Ausser den in Ss. gefundenen Typen kommen
aber noch hinzu

..ʹ×ʹ×ʹ In a slac þou shall be slain Str. XXIII und
.ʹʹ×ʹ The king stode uprighte Str. L.

In der elften Zeile (d_2) markieren in Ss. wieder
3 Stabreime die Hebungen in 2 Strophen:

Sohe wyled hir wenches away V. 219,
Cleer clergye to knawe V. 24, und vielleicht ist auch
Semely Susan V. 50 so zu fassen.

Zwei Stabreime alliterieren meist so, dass die erste Hebung
entweder mit der zweiten oder mit der dritten Hebung durch
Stabreim verbunden ist:

Nihtyngales apon niht V. 76,
Þe date wiþ þe damesene V. 89,
ebenso V. 11, 102, 115, 154, 167, 180, 232, 362.

Kein Stabreim ist in 7 Strophen: V. 37, 245, 258, 271,
284, 336, 349. Also ungefähr wie bei d_3.

In sieben Strophen stünde bei Annahme von bloss zwei
Hebungen ein starkbetontes Wort im Auftakt:

Of gold, fyned wiþ fyre V. 193,

ebenso V. 128, 245, 258, 284, 336, 349.

In neun Strophen würden beim Lesen mit zwei Hebungen drei oder viersilbige Senkungen mit gewichtigen Wörtern vorhanden sein, z. B. And stále away in a stónt V. 167; ähnlich V. 11, 76, 89, 102, 116, 232, 245, 323.

In den andern Strophen zwingt uns kein Vers zur Annahme von Zweihebigkeit, am bedenklichsten ist verhältnismässig:

Of þe wrangwys domes V. 37.

Für die Senkungen gelten die Typen:

(.)′x′xx′. In þe pómeri þey play V. 3,

ebenso 76, 128, 167, 180, 206, 219, 232, 245, 284, 349.

(.)′xx′x′ To sle such an innocent V. 323 und V. 89, 102, 115, 258(?), 336.

′x′x′ Of þe wrangwys domes V. 37 und V. 271.

(.)′xx′′ Semely Susan V. 50 und V. 11, 154.

..′x′x′: In þe dayes of Danyel V. 362 und V. 141.

Ausser dem letzten Typus unterscheidet sich die elfte Zeile von der zwölften noch durch folgenden Typus:

(.)x′′′x′ in

Cleer Clergye to knawe V. 24,
Of gold fyned wiþ fyre V. 193,
For now waknes þer wo V. 297,
Of fals domes bideene V. 310.

·Deutlich wird durch das Fehlen der Senkung die erste Hebung rhetorisch verstärkt (vgl. Crow, Kurzes Reimpaar im Mittelengl. Diss. Göttingen 1893 S. 13).

In *AA* kehren dieselben Typen wieder wie in Ss. Fehlen der Senkung zwischen erster und zweiter Silbe liegt vor in:

The swérde swápt in twó Str. XL und
Ríohe máyles þei rízte Str. XXXIX.

Im ersten Falle bedient sich der Dichter des Fehlenlassens der Senkung nicht als Kunstmittels, sondern es ist auf den Einfluss des Alliterationsverses zurückzuführen.

In der z e h n t e n Zeile (d_1) werden in Ss. die Hebungen wieder durch drei Stabreime festgelegt in:

Đo cast sche a careful cri V. 153.

Ferner alliteriert die erste Hebung mit der zweiten in Đaysye and ditayne V. 114.

In 5 Strophen würde bei Annahme von 2 Hebungen ein satztoniges Wort in den Auftakt treten.

Đer com hir *fåder so fré V. 179 ähnl., V. 140, 257, 283, 309.

In 3 Strophen würde bei Annahme von zwei Hebungen eine übergrosse Senkung mit wichtigen Wörtern und vielen Silben vorhanden sein:

Hir here was zolow as wyre V. 192, ähnl. V. 322, 335.

Die andern Verse lassen sich alle mit 3 Hebungen lesen; am bedenklichsten ist verhältnismässig

Bý a wýnly wélle V. 127.

Der Stabreim fehlt in neun Versen, in V. 36, 43, 166, 192, 218, 244, 322, 335, 348.

Die Senkungen verteilen sich nach folgenden Typen:

(.)'×'××' Sche ne schunte for no schame V. 231,

ebenso V. 23, 36, 75, 88, 166, 179, 192, 218, 257, 270.

Hierher gehört auch wohl: Đou brak gódes cómaundemént V. 322, nur mit zweisilbigem Auftakt.

(.)'××'×': Đo cast sche a careful cri V. 153, ebenso V. 101(?), 140(?), 62(?), 335.

(.)'××'': Daysye and ditayne V. 114 und V. 348.

(.)'×'×': By a wynly welle V. 127, ebenso V. 10(?), 205(?), 283.

''××': Wolde god þat I miht V. 244,
Lat twinne þem in two V. 296,
Đís férlys bifél V. 361 (oder Đís ferlýs bifél?).

Beim letzten Typus liegt wieder ein rhetorischer Nachdruck auf der ersten Hebung: in den ersten beiden Fällen wird der Befehl und die Bitte durch das Fehlen der Senkung energischer; im letzten Falle fasst der Dichter das Ganze zusammen; um die Glaubwürdigkeit desselben zu erhöhen, sagt er mit Nachdruck: „Diese Wunder geschahen zur Zeit Daniels".

A A lässt sich in der 11. Zeile nach denselben Typen wie Ss. skandieren.

Die Dreihebigkeit der d Verse lässt sich demnach in Ss. sowohl wie in AA leicht durchführen. Mit Annahme von Dreihebigkeit fällt aber Luicks Ansicht, dass die (d) Kurzzeilen den ersten Halbversen der Langzeilen a¹ und b¹ thatsächlich noch entsprechen. Auf den Bau letzterer komme ich alsbald zurück.

Der Bob c_1, der die Langzeilen von den Kurzzeilen in Ss. trennt, hat den Typus x⸍ und alliteriert zehnmal mit dem vorhergehenden Langvers: in V. 47, 74, 87, 100, 204, 217, 243, 308, 334, 360. AA hat dafür eine Langzeile, die mit der achten Langzeile oft alliteriert (s. Stil).

Bei den Langzeilen a und b lässt sich kein Unterschied im Rhythmus finden; ich untersuche sie daher nicht einzeln. Wohl aber sind a¹ b¹ und a² b² wesentlich von einander verschieden. Ich behandle diese daher getrennt.

Bei den zweiten Vershälften a² und b² in Ss. liegt kein Gund vor, an ihrer Zweihebigkeit zu zweifeln. Es finden sich in ihnen nie mehr als zwei Stabreime. Zeigt sich neben der Hauptalliteration, die a² und b² mit dem ersten Halbvers verbindet, gelegentlich eine secundäre in der zweiten Vershälfte allein, wie in „þin hed is grei hored" V. 339 oder „walshe notes newe" V. 99, so ist dies offenbar ebenso zu deuten wie die Stäbe auf Senkungssilben von c_2, nämlich als ein Streben nach möglichst massenhafter, decorativer Assonanz. Die Typen der Senkungen stimmen meist zu c_2 (vgl. Seite 21—22), nämlich:

(.)⸍xx⸍ z. B. and Joachim he hiht V. 2 und ebenso V. 3, 4, 6, 8, 14, 15, 17 u. s. w., bei weitem der häufigste Typus.

(.)xx⸍⸍ z. B. on ure lay lerne V. 135, ferner V. 5, 18, 41 u. s. w.

x⸍x⸍ z. B. þat gayly grewe V. 42, ebenso V. 7, 79, 82, 162, 163, 175, 176, 278, 300.

⸍xxx⸍ rigt as we have sene V. 203 und V. 236.

In AA ist die zweite Vershälfte nach denselben Typen wie Ss. gebaut. Nur zeigen sich drei Stabreime in

and stondes ston still V. 580 (Str. XLV 8).

Ich skandiere ihn analog zu

stondes so still V. 407 (Str. XXXII 4)

nach dem Typus (.)ˊxxˊ.

Schwankend kann man sein, nach welchem Typus folgende Halbverse zu lesen sind:

to make þe mynyng V. 236 (XIX 2) 706 (LV 4) und
to breke his bidding V. 242 (XIX 8).

Wir haben zahlreiche Beispiele, wo das Verbalsubstantiv beide Hebungen tragen muss, z. B. in þaire préchínge V. 240 (XIX 6), with oute spélínge 255 (XX 8); ferner begegnen uns Verse, wo bei dem Typus (.)xxˊˊ die eine Senkung einen Nebenton hat, z. B. I hèrd a clérk sáy 94, wo „clerk“, wegen des Stabreimes die eine Hebung hat. Darnach lege ich auch „make“ und „breke“ trotz des Stabreimes in die Senkung und skandiere die Verse nach dem Typus (.)x̀xˊˊ.

Auffallend ist die Ueberlieferung in DL: ful þike folde V. 46. Der Typus ˊxˊ ist sonst nicht sicher zu belegen. Der Vers ist wohl nach J zu verändern in: feyful þike fold.

Die ersten Vershälften a^1 und b^1 sind in Ss. nicht so regelmässig gebaut wie a^2 und b^2. Die Möglichkeit, mehr Senkungssilben in a^1 und b^1 zu verwenden als in a^2 und b^2, kam wohl daher, dass in a^1 und b^1 keine vorhergehende Vershälfte die Silbenzahl des Auftaktes einschränkte wie in a^2 und b^2, und dass andrerseits a^1 und b^1 nicht wegen des Endreimes mit einer Hebung schliessen mussten, sondern in Senkungen ausklingen konnten. Auf eine der Senkungssilben tritt hier ziemlich oft ein Stabreim, sodass man meinen könnte, man habe es mit dreihebigen Versen zu thun, wie z. B.: Ðe rose ragged on rys, V. 72, ebenso V. 188, 288, 320; 330, 353 u. ö. Daneben sind aber bestimmt zweihebige Verse vorhanden, z. B. To go in his garden V. 42, Ðer lyndes and lorers V. 68 u. s. w. Ein Schwanken zwischen Zweihebigkeit und Dreihebigkeit ist selbstverständlich ausgeschlossen. Einer der drei Stabreime tritt nur als Schmuck hinzu.

Ich betrachte zunächst die sichern Verse mit nicht mehr als zwei Stabreimen. Daraus ergeben sich folgende Typen:

a) Mit zwei Senkungssilben zwischen den beiden Hebungen:

(.)ˊ×׈ z. B. Ƥe pyon. þe peere 108,

ebenso V. 149.

(.)ˊ×׈× z. B. To go in his garden V. 42.

ebenso V. 18(?), 28(?), 68 69, 70, 71, 73, 79, 83, 84, 86, 92, 105, 109, 134, 136, 144, 163, 170, 198, 211, 215, 216, 238, 261, 275, 279, 293, 314, 315, 327, 328, 344, 355;

(.)ˌ××ˊ×× z. B. Of erbes and of erberi V. 8,

ebenso V. 5, 16, 30, 33, 55, 57, 59, 82, 94, 95, 96, 97, 106, 107, 122, 176, 209, 223, 224, 249, 263, 277, 303, 304, 318, 331, 340; die meisten von diesen Fällen lassen sich freilich durch Verschleifung auf der Hebung oder Synkope eines unbetonten e auch in andere Typen umwandeln. Ein Nebenton zeigt sich oft auf der Schlusssenkung, z. B. Lóvely and Ifliewhît V. 16, ebenso V. 263, 277, 303, 318.

ˊ×(×)ˊ××× z. B. Halles and herbergages V. 6;
..ˊ×׈ z. B. Al for gentrise and joye V. 41,

ebenso V. 4, 17, 21, 135, 158, 162, 164, 173, 196, 226, 229, 264, 265, 274, 288, 319, 333,

..ˊ××ˊ× z. B. Alle þe gomes þat hire god wolde V. 354,

ebenso V. 15, 58 (hévedes), 66;

..ˊ××ˌ×× kommt nicht sicher vor;
...ˊ××ˌ z. B. He was so lele in his lawe V. 3,

ebenso V. 29, 34, 45, 47, 123, 125, 131, 137, 146, 148, 160, 184, 186, 187, 225, 235, 239, 250, 251, 255, 267, 292 (þinkes), 294, 306, 329, 332.

b) Mit drei Senkungen zwischen den beiden Hebungen:

(.)ˊ××× ˊ z. B. Two domesmen of þat lawe V. 32, ebenso V. 85, 157, 171, 175, 227, 252 (kóvered), 278(?), 289, 300;

(.)ˊ ×××ˊ× z. B. Ƥey dede hire in a dungon V. 174, ebenso V. 7, 19, 56, 67 (greiþed), 81, 98, 172, 185, 200, 210, 213, 214, 227, 279, 281, 287 (godesone), 301, 342, 356;

..ˊ×××ˊ z.B. Ƥus þey brouʒt hire to þe barre V. 189, ebenso V. 138, 147, 202, 236, 289, 305, 317;
...ˊ×××ˊ z. B. Do þouʒte þe wreches to bewile V. 54,

ebenso V. 1, 31, 119, 161, 183, 253, 307, 326, 346;

c) Mit einer Senkung zwischen den beiden Hebungen:

.´×´× z. B. Wiþ wardons winly V. 99,

ebenso V. 110, 112, 339;

.´×´×× Nou folk be farçn from us V. 120,

ebenso V. 60;

..´×´ z. B. Forte heilse þat hende V. 133,

ebenso V. 190, 197, 201, 266, 341, 343;

..´×´× z. B. Ðus þis derfful demers V. 40,

ebenso V. 53, 132, 291; hierher gehört auch bei zweisilbiger Aussprache von Israèl und Sinâl: And in folk of Israèl V. 290, ebenso V. 20, 352;

...´×´ z. B. þei wolde enchaunte þat child V. 46,

ebenso V. 27, 145, 150, 151, 222, 254 (ne'er);

...´×´×⁷z. B.·.He had a wif, hiʒt Susan V. 14,

ebenso V. 345, 359.

d) Ohne Senkung zwischen den beiden Hebungen:

..´´× Als þis ʒing ʒapçly V. 118 und V. 228;

...´´× Ðat was a jeuʒ jentil V. 2 und V. 44, 124, 159, 302.

Aus dieser Zusammenstellung geht hervor, dass die Zahl der Senkungssilben nicht völlig willkürlich ist, sondern dass eine Abhängigkeit der Schlusssilben und des Auftaktes von einander vorhanden ist: bei langem Auftakt erscheint nur kurzer Schluss, während bei fehlendem Auftakt auch dreisilbige Senkung nach zweiter Hebung erlaubt ist. Beim Fehlen der Senkung zwischen den beiden Hebungen ist stets nach der zweiten eine Senkung vorhanden.

Nach diesen Typen lassen sich auch die Halbverse mit drei Stabreimen skandieren; und zwar setze ich den ersten in den Auftakt, wenn er auf einem Verb ruht; das Nomen tritt ja in der ganzen alliterierenden Poesie eher in die Hebung als das Verb. Ueberdies sind in Ss. in den sicheren Versen mit zwei Stabreimen zahlreiche Fälle vorhanden, wo ein Verb als stabreimlos in den Auftakt tritt, während das folgende Nomen durch einen Stabreim als erste Hebung determiniert ist, z. B. And findes þis préstes wel prést V. 160, ähnlich

V. 137, 183, 239, 292. Ausnahme ist nur: Wrang handes iwis V. 171. Danach ruht die erste Hebung nach einem Verb

a) auf einem Subst. in: To marke þi míddel at a máse V. 320, ebenso in V. 43, 362;

b) auf einem Adj. in: And lowed þat lóveli lórd V. 353, ebenso in: Cum forþ þou córsed cáytif V. 330, wo die Betonung von „Cum" einen Typus ergeben würde, der bei den sicheren Fällen nicht belegt ist (vgl. auch V. 345), und in: Sche fel flát in þe flóre V. 248, wo die Betonung von „fel" einen sonst gemiedenen Typus ergeben würde und „flat" und „flore" reicher alliterieren als „fel" und „flore";

c) auf einem Adv. in: Ðat dos me dérfly be déd V. 242 und Sei sádly þe sóþ V. 203;

d) auf einem zweiten Verb in: Ðou seide þou séʒe Súsanne V. 313.

Scheint an erster Stelle ein Hilfszeitwort an der Alliteration teilzunehmen, so dass dadurch der Halbvers dreistabig würde, so würde ich natürlich dies Hilfszeitwort in den Auftakt stellen, z. B. For we wol wasche us iwis V. 123. Schier überflüssig ist es dabei, zur Begründung auf analoge Halbverse a[1] und b[1] mit zwei Stäben zu verweisen wie V. 135, 137, 294, 306.

Gleiches gilt von nominalen Partikeln in V. 98 und 227; vgl. V. 138, 265.

Zweifelhaft ist es dagegen, wenn der erste von drei Stabreimen auf ein vollwichtiges Nomen fällt, dem ein zweites stabreimendes Nomen folgt, ob man den ersten Stabreim in den Auftakt oder den zweiten in die Senkung stellen soll. Verse dieser Art sind: Ðe rose ragged on rys V. 72, Hir herte holly on him V. 188, Her bor hevedes fro heven V. 58, In riche robes arayed V. 212, Grete god of his grace V. 241 und V. 276. Die Analogie der zweistabigen Halbverse a[1] und b[1] erlaubt hier nur zu sagen, dass ein vor seinem Subst. stehendes Adj. gewöhnlich bevorzugt wird: vgl. *Schene* briddes 85, *k*ene men V. 157, ʒong man V. 215, *h*oly gost V. 277, *m*uch god V. 315, *n*aked swerd V. 318, *g*ret elde V. 339, *g*rei hored V. 339, *r*oþly cherl 341, ver-

einzelt aber auch ʒong *prophet* V. 302, elde *dos* V. 305;
unsicher ist *selken schert* V. 197, weil s auch in V. 359 und
V. 46 auf sch zu alliterieren scheint. Für die andern Nominal-
verbindungen stehen nur vereinzelt Analogien aus a^1 und b^1
zu Gebote, die aber mehr für den Vorzug des zweiten Nomens
sprechen: orchard *newe* V. 27, Betere is *wemles* V. 151,
Lord, *hertely* V. 268; unsicher ist: Sich ʒiftes god him ʒaf
(in his ʒoupehede) V. 280, weil bei unserem Dichter g auf
ʒ zu alliterieren scheint, vgl. V. 293, auch V. 241.

Die erste Vershälfte a^1 und b^1 ist demnach verschieden
von den Kurzzeilen d: a^1 und b^1 haben nur zwei Hebungen,
die Kurzzeilen drei. Die Senkungen in a^1 und b^1 sind ferner
breit und lax, in d dagegen regelmässig, wenn auch nicht so
regelmäsig wie in c_2.

Man könnte versucht sein, die Kurzzeilen d, bei denen
wir durch drei Stabreime zur Annahme von Dreihebigkeit
veranlasst wurden, ebenso skandieren zu wollen wie die
ersten Halbverse mit drei Stabreimen. Es bestehen jedoch
zwischen den beiden Versen deutliche Unterschiede, die diese
Annahme entschieden zurückweisen:

1. In d steht Endreim, der a priori für den Schluss
des Verses eine Hebung verlangt, auch wenn d ursprünglich
als Wiederholung von a^1 oder b^1 gedacht war. Den Endreim auf eine Senkungssilbe zu legen, wie Luick will, zwingt
uns im XIV. Jahrhundert sonst nichts; das ist erst Techuik
des XVI. Jahrhunderts.

2. In d steht bei drei stabreimenden Vollwörtern, wenn
die beiden ersten ein Subst. + Verb. oder eine Verbindung von
Adj. und Subst. sind, öfter dazwischen eine Senkungssilbe,

> z. B. Turtels troned on trene V. 90,
> Spyces spedes to spring V. 103,
> Hire scholdres schaply and schire V. 194,
> Semeli Susan þou se V. 337.

Hier würde bei Annahme von zwei Hebungen in d eine
viersilbige Senkung oder ein zu grosser Auftakt mit schweren
Silben eintreten.

In a^1 und b^1 findet sich keine derartige Zwischensilbe.
Es findet sich dagegen in d ein Vers, der genau in a^1 wieder-

kehrt, und dessen drei Hebungen in a¹ sich dabei auf sehr
merkwürdige Weise auf drei Viertel einer Langzeile erstrecken.

She wýled hir wénches awáy V. 219 als d, dooh als Langzeile
Wýlyly she wýled | hir wénches awáy V. 213; vgl. auoh
V. 125 mit V. 148.

3. In d trägt gelegentlich die erste und zweite Hebung
den Stabreim, ohne dass die dritte Hebung am Stabreim teil-
nimmt:

Wiþ ál his áffinité V. 180,
Dis wórd we wíttnesse for aý V. 220;

in a¹ und b¹ nimmt nur dann der mehrsilbige Auftakt am
Stabreim teil, wenn auch die zweite (d. h. hier die letzte)
Hebung den Stabreim trägt.

Die erste Vershälfte von *AA* zeigt ebenso wie Ss.
drei Stabreime, und zwar, was die beiden ersten betrifft,

1. indem das dem Subst. vorausgehende Adj. mitalliteriert,
z. B.:

The grete greundes were agast V. 126,

ebenso V. 60, 331, 542, 591; auch hier ist keine Zwischensilbe zwischen den beiden stabreimenden Adj. u. Subst. vorhanden, wenn man das End = e stumm sein lässt.

2. Indem das dem Subst. vorangehende Verb mitalliteriert,
z. B.:

He ladde þat lady so longe V. 31,

ebenso V. 43 (DJ.), 264, 639, 645. In diesen beiden Fällen
würde ebenso wie in Ss. der erste Stabreim in den Auftakt
treten.

3. Bei vorangehendem Subst., indem sich das mit-
reimende Verb. Adj. oder Adv. ohne Zwischensilbe an das
Subst. anlehnt. Das Verb. Adj. oder Adv. trägt dann wohl
einen Nebenton nach der ersten Hebung, z. B.

Þe búrne braldes oute þe brónde V. 122,

ebenso V. 222, 353, 360, 482, 499, 617.

Es bleiben viertens noch übrig:

Her hode of a herde huwe V. 18,
A lady, lufsom of lote V. 344,
Here gide was glorious and gay V. 366,
The king to counsaile has called V. 461,
Birdes braudene aboue V. 444:

3

Man kann in diesen Fällen schwankend sein, welche
Silben man mit der Hebung auszeichnen soll. Betrachtet
man daneben die Halbverse:

> Búrnes bánnen þe týme V. 592,
> To télle þe tódes þereòne V. 121 und
> And Gáwain gréches þerwìþ V. 524,

desgl. in Ss. die verwandten Halbverse 6, 16, 263, 277, 303, 318,
wo zwei Stabreime die Hebung markieren und nach der
zweiten Hebung ein schwerer Nebenton auf der Senkungssilbe
liegt, so wird man nicht umhin können, auch in den eben
citierten Versen mit drei Stabreimen die beiden ersten stabreimenden Silben mit der Hebung zu belegen und den dritten
Stabreim in die Senkung zu setzen. Es würde sich danach
der Typus (.)′ x′ x (x) x̀ herausstellen.

Diese Verse können natürlich nicht in Anschlag gebracht
werden, um mit ihrer Hilfe Zweihebigkeit in den d Kurzzeilen zu beweisen. Im Gegenteil, sie zeigen gerade, wie aus
diesen ersten Halbversen sich dreihebige Kurzzeilen entwickeln
konnten. Denn, trat auf die nebentonige Silbe nach der
zweiten Hebung noch ausser dem Stabreim der Endreim hinzu, so konnte von einem Nebenton nicht mehr die Rede sein;
die in dem Halbvers schon schwere nebentonige Silbe wurde
durch den Endreim ganz zur dritten Hebung.

In den Senkungen herrscht in AA grössere Freiheit als
in Ss. Dennoch gilt das Gesetz: langer Auftakt nur bei
kurzem Schluss, und umgekehrt. Nur ist auch zweisilbiger
Schluss bei zweisilbigem Auftakt erlaubt. Bei AA erscheinen
ausserdem häufiger als in Ss. dreisilbige Senkungen, z. B. 34,
204, 356, 469, 526, 617, 651; ja sogar nach der zweiten
Hebung, wie wir oben gesehen haben. Endlich erlaubt sich
AA auch vier oder sogar fünfsilbigen Auftakt:

> Now wol I of þis mervaile mene V. 74 und
> By him þat in Bedeleem was borne V. 549.

Sonst kehren die Typen von Ss. in AA wieder.

SCHLUSSRESULTAT.

Der ae. Stabreim hat sein altes Wesen stark eingebüsst.
Er tritt nur noch zur Verstärkung der Hebung hinzu, ist

aber nicht unbedingt notwendig. Er kann auf jede Hebung
treten, auch in der zweiten Hälfte einer Langzeile. Von 224
Langzeilen in Ss. sind 108 Strophen auf allen vier Hebungen
mit ihm ausgestattet. Er legt sich sogar auf die Senkungssilben, und zwar bald als Notbehelf (V. 253), bald als überzähliger Schmuck; in V. 313 z. B. sind 6 Stäbe. Manchmal
springt in der zweiten Vershälfte einer Langzeile sogar eine
secundäre parasitische Alliteration auf (s. S. 27).
Der Alliterationsrhythmus ist noch am deutlichsten in
den ersten Vershälften (a^1 u. b^1) der Langzeilen wahrzunehmen, indem hier die ae. Typen A, B, C, E wechseln.
D lebt vielleicht noch fort in Versen wie: Halles and herbergages V. 6 (vgl. S. 29). Die zweiten Vershälften a^2 und b^2
stehen völlig unter dem Einfluss des Endreims, der ihnen öfter
den Typus xx‚‚ aufdrängte. Sie haben wegen des Endreimes einen festen, regelmässigeren Bau und zeigen eine
geringe Anzahl von Typen; a^1 und b^1 sind dagegen wegen
der Möglichkeit eines mehrsilbigen Auftaktes und Schlusses
beweglicher und haben in den Typen mehr Mannigfaltigkeit. —
Mittelcäsur ist in ab Regel, ausser einmal im Affect: V. 253.
Die Kurzzeilen des Abgesanges weisen ursprüngliche Verwandtschaft mit den Halbversen der Stollen auf; aber sie
sind ihnen nicht mehr ohne Weiteres gleichzusetzen. c_2 entspricht a^2 und b^2; beide haben zwei Hebungen, aber c_2 hat
zwei Typen weniger als a^2 und b^2. Die Strophe klingt daher noch regelmässiger aus als die einzelnen Langzeilen. Die
d-Verse entsprechen den ersten Vershälften a^1 und b^1, und
zeichnen sich wie diese durch grössere Beweglichkeit im Rhythmus aus, unterscheiden sich aber von ihnen wesentlich dadurch, dass sie durch das Hinzutreten des Endreims deutlich drei Hebungen bekommen haben. Da kann natürlich
von ae. Alliterationsrhythmus nicht mehr die Rede sein.
Eine gewisse Wiederholung des Rhythmus aus den
Stollen in dem Abgesang ist ein vorzügliches Mittel, die beiden
zu verbinden. Sie findet sich auch sonst, z. B.: Klage über das
Verfahren der geistl. Gerichtshöfe (Ms. Harley 2253 ed.
Böddeker P. L. IV). Sie ist hier um so notwendiger, als
hier im Abgesang kein Reim der Stollen wiederholt wird,

wie es sonst beliebt ist, z. B. Liebesflehen (Böddeker W. L.
III), Gruss an die Geliebte (W. L. XIV), Middelerd for
mon wes mad (G. L. I). Andrerseits liebt man es auch, die
Sonderung durch ein Korn (Bob) zu markieren, welches
selbst wieder zum Bindeglied wird, indem es mit dem letzten
Vers des Abgesanges durch Endreim, mit dem letzten Vers
der Stollen oft durch Stabreim, fast stets syntaktisch verbunden ist (s. S. 27).

Die me. Alliterationsstrophen sind daher nicht so kunstlos,
wie man bei oberflächlicher Betrachtung meinen könnte. Der
Dichter der Ss. hat in besonders feiner und künstlerhafter
Weise sämtliche Kunstmitttel, die ihm zu Gebote standen,
in seiner Strophe vereinigt.

IV. STILISTISCHES.

Die Komposition des Gedichtes folgt der Bibelanordnung,
ohne das Vor- und Rückgreifen, wie es im ae. Volksepos und
noch in älteren me. Romanzen, z. B. Sir Tristrem, üblich ist.
Es ist ohne Einleitung, ohne Episode, wenn man von einer
langen Gartenbeschreibung absieht, und ohne besonderen Epi-
log, ausser dass die „Epistel" von dem Propheten ausdrücklich
als Autorität angeführt wird. Das Hauptinteresse in Bezug
auf Stil knüpft sich daher an die Frage, wie die eigenartige
Strophe auf die Darstellungsweise des Dichters wirkte?

Die Strophe, als ein in sich geschlossenes Ganze, zwang
den Dichter, den Stoff in Stücke von ungefähr gleichem Um-
fang zu zerlegen. Ein Uebergreifen der Construction aus der
einen Strophe in die andere ist vermieden. So schildert Strophe I
Joachim und seinen Besitz, II Susanna, III das Verhältnis
der Priesterrichter zu Joachims Haus u. s. w.

Zugleich aber war der Dichter bemüht, den Anfang
jeder Strophe an die vorhergehende irgendwie anzuknüpfen,
und zwar bediente er sich zu diesem Zweck folgender Mittel:
1. Wiederholung von Wörtern aus den letzten Versen

der vorhergehenden Strophe (Concatenatio, vgl. Kölbing Sir Tristrem LXXX ff., Am. und Am. XXXVII f.):

> þe briddes in blossoms V. 79, fyge 92, scholdres 197, semblaunt 252, sinne 313.

2. **Rückdeutende Pronomina mit synonymer Wiederholung:**

> Dus þis dredful demers V. 40 — þis juges of olde V. 39, Whan þis perlous prestes V. 53 — oherles unchaste V. 47.

3. **Rückdeutende Pronomina ohne wiederholende Synonmya:**

> Als þis ȝing V. 118, Nou were þis domesmen V. 131; dazu die Zeitpartikeln nou 196, 235, 274, 326; þen 144, 261, 352; þo 183.

4. **Nur Wiederholung durch Synonyma:**

> garden V. 67 — pomeri V. 63; kene men of hir court 157 — servauns V. 155; justises V. 183 — prestes V. 181; feere V. 248 — Joachim V. 245; godesone V. 287 — frely goode 283; dissevered V. 300 — twinne V. 296.

Kein ausdrücklicher Uebergang ist vorhanden in Strophe II, III, VI, IX, XIV, XVII, XIX, XXVII, d. h. bei fortlaufender Beschreibung und bei dramatischen Szenen. Er steht dagegen ausnahmslos bei rein epischer Darstellung.

Innerhalb der Strophen sind der Aufgesang und der Abgesang metrisch stark geschieden, jener mit mehreren längeren Zeilen, rhythmisch lockerer, mit durchgehendem Stabreim; dieser mit weniger und kürzeren Zeilen, strafferem Rhythmus und vom Endreim beherrscht.

Der Abgesang neigt wegen der Kürze der Zeilen zum Enjambement. Es zieht sich gewöhnlich nur ein Satz durch die Zeilen $dddc_2$, und zwar mit einer Bedeutsamkeit des Inhalts, wie sie den knapp auf einander folgenden Reimworten entspricht. Er enthält:

1. Das Hauptmoment des bereits Gesagten, nochmals kräftig herausgestellt; so Str. II, X, XVI, XVII und Str. XXVIII das Resumé des ganzen Gedichtes. Es kehren dabei zum Teil dieselben Wörter wieder wie im Aufgesang: welle Str. X, present þis plaint Str. XVI, wyled hir wenches away Str. XVII. Eine Vorauskündigung ist damit verbunden in

Str. X, XVI, und eine Beteuerung Str. XVII. Bei den
Strophen, die eine Rede enthalten, steht ebenfalls das Hauptmoment im Abgesang, so:
die Drohung der Priester, während sie im Aufgesang
nur locken Str. XI.;
die eigentliche Anklage gegen Susanna, im Aufgesaug
war von dem fingierten Verführer die Rede Str. XVIII;
die Bitte Susannas: Speke wiþ Joachini a niht Str. XIX;
Daniels direkter Vorwurf „of fals domes bidene", vorher
hatte er den Priestern nur „unclere conscience" vorgeworfen
Str. XXIV;
Daniels direkte Frage an den Priester: Under what
kynde of tree, u. s. w. Str. XXVI.

2. Die Einführung neuer Personen: der Diener Str. XII,
des Vaters und der Richter Str. XIV, Daniels Str. XXII,
des Engels Str. XXVII.

3. Die Einführung wichtiger Geschehnisse: Susanna geht
in den Garten Str. IV, die Priester kommen in den Garten,
um Susanna aufzulauern Str. V, Susanna ruft um Hilfe Str.
XII, die Diener entfernen sich, Str. XIII, Susanna wird ent-
fesselt, Joachim küsst sie Str. XX.

Die Erzählung schreitet also hauptsächlich im Abgesang
vorwärts; ein paar Mal etwas sprunghaft. Der Abgesang
enthält gewissermassen die Stichwörter der Erzählung. Vereinzelt nur findet sich in ihm ein subjektives Moment, das
dann das Erzählte bedeutsam hervorhebt, wie die Ver-
wünschung des Dichters über die alten Priesterrichter Str. III;
oder ein Nebenumstand, der dann besonders hervorsticht, wie
die Schilderung der schönen Gestalt der unschuldigen Susanna
kurz vor ihrer Verurteilung Str. XV. Nur wo sich eine
beschreibende Aufzählung durch den ganzen Aufgesang zog,
setzt sie sich auch im Abgesang fort, so Str. I, VI—IX.

Anders verhält es sich mit dem Aufgesang. Schon die
Länge und Anzahl der Verse zwang da zu breiterer Aus-
einanderlegung des Stoffes. Er enthält daher:

1. Beschreibungen, sowohl von äusseren Verhältnissen als
auch von Seelenstimmungen, so besonders zu Anfang: Joachims
Gesinnung und Besitz Str. I, Susannas Abkunft und Bildung

Str. II, die Stellung der Priester im Hause Joachims und im Volk Str. III, ihr freches Wesen und ihre Leidenschaft zu Susanna Str. IV und V, das Schwanken Susannas, ob sie den Lockungen folgen soll oder nicht Str. XII.

2. Auch Geschehnisse werden hier nicht knapp vorgeführt, wie im Abgesang, sondern umständlich; so besonders gegen Ende der Legende: Susanna wird vor Gericht geführt Str. XV, die Priester verläumden sie vor Gericht Str. XVI—XVIII, Susanna nimmt Abschied Str. XIX. XX, Susanna betet zu Gott Str. XXI, Gott erhört ihr Gebet Str. XXII, die Priester werden von Daniel angeklagt und überführt Str. XXIII—XXVII, die Priester werden bestraft Str. XXVIII.

Im Aufgesang selbst zeigt sich inhaltlich vielfach eine deutliche Sonderung des ersten und zweiten Stollens, wie er auch metrisch immer in zwei gleiche Hälften teilbar sein muss, so in Str. I a) Joachims Gesinnung — b) sein Besitz, Str. II a) Susannas Abkunft — b) ihre Bildung, ähnlich Str. III, IV, V, XII, XIV. Beliebt ist die Kompositionsweise, dass der erste Stollen die Umstände enthält, unter denen eine Rede erfolgt, der zweite aber die Rede selbst, so Str. XI, XIII, XIV, XXVI, worauf der Abgesang gerne den Korn der Rede oder die That bringt. Besonders charakteristisch für diese Zweiteilung des Aufgesanges sind Flickverse in der vierten Zeile z. B.

Honest and avenaunt and honorablest aye Str. III,
To fange floures and fruit þouȝt þei no fresse Str. IV,
Dat þou has weddet to wif, wlankest in wedes Str. XV,
In riche robes arayed, red as þe rose Str. XVII,
Neiþer in word ne in werk, ne in elde ne in ȝouþe Str. XX,
Tofore þe folk and þe faunt, freli of face Str. XXVI.

. Der Bobvers gehört inhaltlich oder vielmehr grammatisch zum Aufgesang. Er enthält nur Unwesentliches:

1. adverbiale Bestimmungen V. 9, 48, 74, 126, 139, 152, 178, 191, 242, 256, 295, 308, 334, 347, 360;
2. Flickwendungen: V. 87, 113, 204, 217, 282, 321;
3. Appositionen: V. 61, 230, 269;
4. er leitet eine Rede ein V. 35 oder schliesst sie ab V. 165; bei einer Aufzählung trägt er einmal das Subj. und

Praed. zum vorhergehenden Satze nach: þey waled V. 100, und
V. 22 bietet er einen ausmalenden Inf.: to rede.

Innerhalb der Stollen zeigt sich wieder eine mehr oder
minder deutliche inhaltliche Gliederung nach Reimpaaren.
Sehr deutlich ist dies in Str. XXII: 1. Susanna wird fort-
geführt, 2. Gott erhört ihr Gebet, 3. Gott schickt das Urteil an Daniel, 4. Daniels Begabung und Alter; ähnlich in
Str. X, XI, XII, XV, XVII u. ö.

Am Ende jedes Reimpaares schliesst auch regelmässig
der Satz, mit Ausnahme des vierten Reimpaares, an das sich
inhaltlich (s. o.) der Bobvers schliesst.

Bei den einzelnen Langversen des Aufgesanges ist die
Zweiteilung durch die Cäsur oft für die Darstellungsweise
wirksam gewesen. Der Dichter war nämlich mit dem, was
er in einem Verse zu sagen hatte, häufig schon in der Mitte
fertig und füllte die zweite Vershäfte mit Beteuerungsformeln,
adverbialen Beifügungen, Zergliederungen u. s. w., für die
sich unter dem Einfluss des Endreims mit Vorliebe bestimmte
syntaktische Construktionen einstellten, nämlich:

1. Infinitivsätze mit vorangestelltem Objekt oder Adverb, z. B. soþly to say V. 57, ähnlich V. 69, 73, 107; oder
hire bales to brewe V. 189, ähnlich V. 160, 162, 225, 227,
292, 304.

2. Relativsätze, z. B. þat dred were þat day V. 32, ähnlich V. 20, 42, 67, 93, 94, 106, 150, 164, 176, 238, 263,
306, 315, 353, 359;

3. Zweiteilige Zergliederung: in elde ne in ȝouþe V. 251,
bi se nor bi sande V. 254, bi norþ ne bi souþ V. 255;

4. Selbständige Ausrufe: hende, ȝe may here V. 31, no
wonder, I wene V. 201.

Der mehrsilbige Auftakt wurde, wie zu erwarten, ein
Tummelplatz für Partikeln aller Art. Oft, besonders bei Beschreibungen, erscheinen hier Formeln wie: þer was a, he had a,
die im Abgesang nur sehr selten stehen. 29 Mal kehren
Hülfszeitwörter im Auftakt der Langzeilen wieder. Ferner hat
der Stabreim auf die Diction gewirkt. Die Alliteration fordert
für die Hebungen Kraftwörter. Hierzu dienten im Alteng-
lichen Komposita und Epitheta. Diese waren im XIII. Jahr-

hundert unter der Herrschaft des Endreims verloren gegangen. In anderer Art suchen sie die Alliterationsdichter des XIV. Jahrh. wieder aufzubringen, gewissermassen neu zu entdecken. In Susanna lassen sich als solche Komposita noch fühlen: liliewhit V. 16, wrangwys V. 37, domesmen V. 131 u. ö., kynred V. 238, middelert 263, godesone V. 287, maisterful V. 288. Als Epitheta erscheinen z. B. für Joachim: bern V. 1, jeuȝ jentil V. 2, renke V. 4, jewe V. 183, hir feere V. 248.

Als Ersatz dienen dem Dichter:

1. Seltene Ausdrücke, z. B. ȝaply, fresse (s. Glossar); sie finden sich in allen stabreimenden Dichtungen und oft sehr gehäuft. Damit mag die Vorliebe für Aufzählungen zusammenhängen. Syntaktisch ist bei diesen Aufzählungen auffällig, dass das Subjekt gerne in der ersten Vershälfte steht und in der zweiten mit „þey“ wieder aufgenommen wird, z. B. þe briddes in blossoms þei beere wel loude V. 79, ebenso V. 82, 83, 84, 86, 88, 95, 97, 111.

2. Ausschmückende Adjektiva — zusammenhängend mit der Vorliebe für Beschreibungen. Solche werden gerne dem Substantivum nachgesetzt, namentlich in der zweiten Vershälfte, z. B. And whan þei seiȝ Susan, semely of hewe V. 44; aber auch in der ersten Vershälfte z. B. jeuȝ jentil V. 2, orchard newe V. 27, cherles unchaste 47, junipere jentil 71, rose ragged 72, wardons winly 99, domesmen derf 131, scholdres schaply and schire 194, domesmen unduwe 236, proces apert 294.

3. Substantivierte Adjectiva: þat mair 19, þat wlankest 26, 156, þat ȝing 118, þat holden 119, þat worly 134, 150, selli 155, þat burely 195, þat comely 199, þat swete 258, an innocent 323.

4. Verbindungen zweier etymologisch oder begrifflich verwandter Wörter, z. B. lele in lawe V. 3, oder halles and herbergages (vgl. Brade a. a. O. S. 29—41) — also Vorliebe für Paraphrasen.

Die Diktion gewinnt auf solche Weise etwas Seltsames und Reiches, eine mystische Pracht, die charakteristisch ist für die Alliterationspoesie des spät XIV. Jahrhunderts.

In A A schliesst sich der Inhalt und Satzbau nicht entfernt so eng dem Gefüge der Strophe an als in Ss.

Ein syntaktisches Uebergreifen einer Strophe in die nächste ist zwar nicht vorhanden, doch zieht sich bei der Breite und Ausführlichkeit, mit der der Dichter erzählt, die Beschreibung eines Gegenstandes oft durch mehrere Strophen hindurch. Bei Ss. geschieht dies nur bei der Beschreibung des Gartens, und auch hier weiss der Dichter dadurch, dass er in jeder neuen Strophe auch einen neuen Teil des Gartens beschreibt, Abwechslung zu schaffen. Ss. zeigt ferner Abwechslung in der Verbindung der Strophen (s. S. 37); in AA aber ist fast durchgängig die Concatenatio in monotouer Weise durchgeführt; sie findet sich 42 mal in 55 Strophen, und nicht nur einzelne Wörter werden wiederholt, sondern zum Teil der ganze letzte, ja sogar die beiden letzten Verse, höchstens mit anderer Wortstellung, z. B. Str. XXVI, LI.

Der Inhalt des Abgesanges scheidet sich verhältnismässig deutlich von dem des Aufgesanges wie in Ss. Nur in den beschreibenden Strophen ist ebenso wenig wie bei Ss. ein Unterschied wahrzunehmen.

Der Abgesang enthält:

1. das Hauptmoment, kurz und noch einmal hervorgehoben, so in Str. I, III, XIV, XV, XIX, XXIII, XXXV, XLIV, LV;

2. den Fortgang der Erzählung: Zeichen des Königs zum Anfang der Jagd Str. V, Eintreten plötzlicher Dunkelheit Str. VI, Klage des Geistes Str. VII, Entschluss Gawains mit dem Geiste zu sprechen Str. VIII, und so fast in jeder Strophe.

Mit der Inhaltsangabe des Abgesanges ist auch hier wieder die des ganzen Gedichtes gegeben. Nur in den wenigsten Fällen wird das Neue und Wichtige in dem Aufgesang mitgeteilt, und dann wieder mit grosser Ausführlichkeit und Detailmalerei, während der Abgesang mit knappen Worten erzählt. Die Personen, die während der Erzählung hinzutreten und handelnd eingreifen, bringt uns — im Gegensatz zu Ss. — der Aufgesang; es sind zwei: der Geist und Galrun.

In beiden Fällen (Str. VII u. Str. XXVII) werden sie dabei genau beschrieben.

Die inhaltliche Gliederung des Aufgesanges in zwei Teile (Stollen) scheint mir bei AA meistens nicht vorhanden, wenn auch in manchen Strophen die vier ersten und vier letzten Versen in Parallele stehen. Die vielen Aufzählungen veranlassen dies unwillkürlich. Ein syntaktisches Uebergreifen des vierten Verses in den fünften spricht entschieden gegen die Absicht des Dichters, eine solche Gliederung, wie sie sich zuweilen zeigt, durchzuführen, z. B.

> As þou was crucifiged one croys to clanse us of syne
> That þou sei me þe soþe . . . . . Str. XI, ähnlich Str. I, XLV,
> LI, LIII u. ö.

Dafür ist oft deutlich ein Streben des Dichters zu erkennen, je zwei Zeilen des Aufgesanges nicht nur inhaltlich zu verbinden; sondern auch durch den Stabreim, z. B.

> In the tyme of Arthur ane aunter bytydde,
> By þe turnewathelane, as þe boke telles V. 1 u. 2,

ähnlich V. 7 u. 8, 14 u. 15, 16 u. 17, 27 u. 28 u. s. w.

Verschieden von Ss. ist der neunte Vers gebaut. AA hat hier anstatt des Bobverses eine Langzeile. In 24 Strophen wiederholt sie Wörter aus der achten Zeile, z. B.

> To teche hem to her tristres, þe trouthe for to telle:
> To here tristres he hem tauȝte, ho þe trouthe trowes Str. III.

Anstatt der Strophe, wie in Ss., ein festes Gefüge zu geben macht sie der neunte Vers in AA eher unharmonisch und lax im Bau. Seine Funktion ist eine ganz andere als in Ss.:

1. Er enthält eine Paraphrase der achten Zeile, so Str. III, V, VI u. ö.

2. Er fasst den Aufgesang kurz noch einmal zusammen, z. B. Str. I, XIII, XVII.

3. Er reiht sich inhaltlich, namentlich bei Beschreibungen, gleichberechtigt an die andern Zeilen an, z. B. Str. IV, XXVI, XXIX.

4. Er bildet den Uebergang zu dem Abgesang, namentlich bei Reden, indem er entweder die Einleitung zur Rede bringt, z. B. Ho said to þe soverayne, wlonkest

in wede Str. XXVII, ähnl. Str. XLVIII, oder die Rede selbst beginnt, z. B. 'Of þe goost', quod þe grome, 'greve you no in are', Str. VIII, ähnl. Str. XVI, XVIII, XXXVI.

In Bezug auf Alliteration bemüht sich AA ebenso wie Ss. möglichst viele Wörter mit dem Stabreim zu versehen und zugleich auch viele seltene Wörter zu gebrauchen. Es ist dies ein Streben, das sich bei allen alliterierenden Dichtungen des XIV. Jahrhunderts zeigt.

Manche alliterierende Formel kehrt dabei in den verschiedenen Gedichten wieder. Auffälliger Weise hat Ss. mit dem „Disput Marias mit dem Kreuze" und mit den „Festtagen der Kirche", denen es in Bezug auf Strophenform (s. o.) am nächsten steht, nur zwei alliterierende Formeln gemeinsam: „ȝiftis god us ȝaf" (Disput E. E. T. S. 46 Str. XXIII. 2, vgl. Ss. 280) und „þorowe help of þe holy goostis heste" (Festtage, E. E. T. S. 46, V. 60, vgl. Ss. 277), und diese sind in der ganzen me. Alliterationspoesie verbreitet.

Enger ist Ss. verwandt mit den Werken des Gawaindichters, mit Pearle, Patience und Gawain and the grene knight, wie aus der sorgfältigen Zusammenstellung von Fuhrmann hervorgeht (Die all. Sprachformeln in Morris' Early English Alliterative Poems und im Syr Gawain. Hamburg 1886).

Auffällig sind die stilistischen Uebereinstimmungen von Ss. mit dem „Disput zwischen einem Christen und Juden" 318 Kurzzeilen (hrsg. von Horstmann. Altengl. Leg. Heilbronn 1878. S. 204—8).

Ich stelle die ungewöhnlicheren Parallelstellen einander gegenüber:

Disput:	Susanna:
He hedde ilernd of clergys 21	Dus þey lerne hir þe lawe, cleer clergye to knawe 23—24
Đat wold I apertly preve 29, 82	I schal be proces apert disprove 294
Đulke lay þat he on leeve 30	þe lawe þat we onne leeve 164
Woldest [ou leeve on my lare 47	Wolt þou ladi for love on ure lay lerne 135
Đi wikked wille schal worche þe ful wo 67—68	To worchen hire wo 65
Whon þou schalt of þis world wende 77.	weende of þis world wyde 151

Wiþ halles heiȝe uppon loft 158

Spices springynge 178

To alle men, þat good þouht 213

Ðe mon þat most was of miht 238

Ðe jeuh onswerde him wiþ nay 260

Halles and herbergages heiȝ apon hiht 6

Spyces spedes to spryng 103

Alle þe gomes þat hire god wolde 354

Man, bi þe muche god, þat most is of miht 315

I nikke þem wiþ nay 148.

Zu dieser stilistischen Verwandtschaft der beiden Gedichte gesellt sich manche andere. Zunächst ist der Inhalt in beiden Fällen ein Wunder der Gnade, welches Gott im Gegensatz zum verhärteten Judentum wirkt, untermischt mit glänzender Beschreibung, vorgeführt mit dramatischer Spannung. Ferner ist der Sieger im „Disput" ein Sir Walter von Berwick; das Gedicht ist also in der Nähe von Huchowns Heimat lokalisiert und vermutlich auch entstanden. Dazu stimmen die Reime des Disputs, welche ae. â in 5 Fällen (47, 51, 110, 126, 311) unverdumpft und in zwei (56, 229) als o aufweisen; das ae. ä vor Nasalen ist intakt (name 197); das k nach hellem Vokal erscheint nicht als ch (lyk: Berwyk 304); das part. pass. ist nicht bloss stets in einsilbigen, sondern auch in zweisilbigen Wörtern mit n gebildet (born 275, lorn 287) und der ind. praes. pl. nach pronominalem Subjekt ohne Endung (105, 191). Ferner ist der „Disput" in derselben Hs. Vernon überliefert, wobei wie in Ss. (s. u.) im Versinnern neben den gewöhnlichen südlichen Formen dieser Hs. manche nördliche Dialektformen stehen blieben, z. B. „metes was brouht" 212, „non fayles" 109 u. ö. Endlich ist der „Disput" metrisch so gebaut, als wären die letzten vier Verse der Ss. Strophe in dreifacher Wiederholung zu einer Schweifreimstrophe aaab cccb dddb eeeb verbunden; die Verse a c d e sind dreihebig, die b Verse zweihebig; die Zahl der Senkungssilben schwankt ähnlich wie im Abgesang von Ss., soweit man hier auf Grund einer einzigen Hs. sich ein Urteil erlauben darf. Alliteration ist wie in Ss. nicht immer, aber meistens vorhanden. Dass Huchown zugleich der Dichter des Disputs sei, wage ich aus all dem freilich noch nicht zu schliessen, schon aus sprachlichen Gründen; denn im „Disput" ist der ind. praes. sgl. des verb. subst. durch den Reim als „es" bezeugt (is : mes : les 70), wofür in Ss.

jede Spur fehlt, und ae. wæs ist im „Disput" mit ches (inf.)
gebunden (171) in Ss. aber mit place, face (333). Aber ge-
nug, wenn sich in Huchowns Nähe ein verwandter Dichter
nachweisen lässt, und Ss. hiermit als bedeutsames Glied in
einer Kette litterarischer Entwicklung erscheint.

V. SPRACHE.

Dass die Reime der Susanna einen Zweifel an ihrer
schottischen Herkunft nicht unterstützen, hat bereits Brade
(a. a. O. S. 22) dargethan. Huchowns Autorschaft steht so
fest, dass es sich vielmehr darum handeln muss, seine Reime
in Verbindung mit denen seines Zeitgenossen Barbere, der am
andern Ende Schottlands heimisch war, dahin auszubeuten,
um die ältesten greifbaren Formen des schottischen Dialektes
zu bestimmen. Bisher hat weder Buss in seiner fleissigen
Arbeit über Barbere (Halle 1886. Anglia IX 433—515),
noch Curtis in seiner Abhandlung über Clariodus (Anglia XVI
S. 387 ff., XVII 1 ff., 125 ff.), der doch viele andere Denkmäler des Altschottischen mitberücksichtigt, von der Ss. Notiz
genommen.

Gemein me. Dinge setze ich als bekannt voraus.

Die Reinheit der Ss. Reime ist die der volks-
tümlichen me. Dichter überhaupt. Es reimen:

1. Kurze und lange Vokale: raþe (ae. hraed): baþe
(ae. bâþâ) 13, lemmone : one : wone : gone 136, was : place
: face : case 327.

2. Offener Laut mit geschlossenem: trees : glees : sees
(afrz. sed): pees (afrz. peis) 80, preve (afrz. prueve). leve
(ae. lêaf) 104, swere (ae. swerian): here (hîeran) 165, geve
: mischeve : lefe (ae. lêaf): deve (ae. dîefan) 241, seene
(ae. sîene, nicht ae. gesegen Brade S. 13): eene (ae. êagan)
: clene 270. Nur die Zahl dieser Fälle in einem so kurzen
Denkmal ist auffällig. Lefe und swere sind auch bei Chaucer
auf éé gereimt (vgl. ten Brink, Chaucer Gramm. § 25 und
§ 32 b); clene reimt bei Chaucer auf éé und èè, bei Gower

mit éé (Fahrenberg, Archiv 89 S. 396) und bei Barbere, wie hier, mit eene auf éé (Buss III). Auffallend wäre es, wenn, wie Buss Kap. III 1 und 2 behauptet, þere und were in den Barbere-Legenden wirklich nur mit geschlossenem éé gebunden wären, während sie im Bruce auf èè reimen — von der Nebenform þare abgesehen. Aber die einzigen Legendenreime, die Buss für þere als Beweis anführt, ʒere und manere, sind selbst schwankend, zu ʒere vgl. Chaucer Gr. § 25, zu manere vgl. Beispiele bei Buss selbst, wo es mit èè reimt; von den Bindungen mit were in den Legenden hat wenigstens answere ein offenes e. — Ferner reimt offener Laut mit geschlossenem: one (ae. ân) : trone : wone : none (lat.) 58 one : wone (ae. wuna): lemmone : gone 132. 3. u : ô. Parallelen zu comes (ae. cuman) : gomes (ae. guma) : domes (ae. dôm) Ss. 36, wone (ae. wuna) : trone 51 sind auch in den Barbere-Leg. vorhanden, z. B. mone (ae. munan) : doue 30.1106, 84.841. Ueber nomen (praet. plur.) : es cumen bei L. Minot vgl. Zs. fda. XXIX Anz. 37.

i : e fehlt in Ss. (hing, altn. hengja : wederling 101 ist normal). Die Fälle, die Buss unter IV aus den Leg. anführt, sind sehr zu reduzieren: he (: hye) II 9, 465 ist nur durch falschen Zeilenabsatz ans Versende geraten, das eigentliche Reimwort ist quhy; Ephysy (: cite) 207, 287 hat eine sicher bezeugte Nebenform Ephese (vgl. 203.20; 203.66), wie überhaupt Eigennamen zu sehr schwanken, um verlässliche Zeugnisse zu sein; grece (: dewice) 83.763 ist in gris (Pelzwerk) zu ändern; bles (: distres) II 11.682 beruht auf einer Angleichung von bliss an bless, für welche Mätzner II 1 239 eine Menge Beispiele anführt; baptising (: sene) 32, 73 kann durch das gebräuchlichere baptem ersetzt werden; für wiche (: preche) II 211, 1089 möchte ich wreche konjizieren. Es bleiben nur mynd : wend und fynd : kend. Andrerseits hat Brandl (Zs. fda. Anz. X 335 und XIII 100) zwei i : e Reime aus den Leg. angeführt, die wohl nicht zu beseitigen sind, nämlich: wiste : reste 28.955 und wite : fete 134.819.

Im Vorbeigehen seien noch die scheinbar unreinen Reime, die Buss in diesem Abschnitt aus den schott. Leg.

anführt, berichtigt: teyndir (: wondir) II 194.71 ist durch
die altn. Form tundr zu ersetzen; für oysid (: ayspisit II
192.146 denkt Buss selbst an usit; Nicholas (: wyis) 240.844
ist wieder Eigenname; für cry (: say) 151.757 lies pray.
Im Versinnern hat V zuweilen e für i: renke 4, bretenet
149 evel 344, seþþe 267, 270, sengeliche 196 (eb. PCJ); auch
in den andern Hss. erscheint es, in P. in senne 146 und in
seþ 249, 267, in C in wettenesse 220, und in J in cete 7.
Umgekehrt steht i, y für e in fil (fyll) 248 PC.
4. ay : oy in ditayne : averoyne : plauntayne 114, vgl.
Zupitza zu Guy of Warw. 2727.
5. d : þ in said : feiþ 287.
Betonte Vokale:
Ae. a vor Nasalen ist wahrscheinlich bewahrt in lane
(ae. lane) : rane (altn. hrannir, Strauchwerk): Johan : plane
(Platane, die Hss. allerdings plone) 66, und in fand : hand:
witand 248, sicher in name : blame 233. V setzt im Reime
das südliche o ein in lone, rone 68, 72, fond 248 und
auch oft im Versinnern. a ist in V im Versinnern erhalten
in gan 34, 125, can 288, handes 171, 252, wlankest 186,
brandist 319. Die andern Hss. überliefern häufig im Versinnern a, so P in gan 27, 34, 101, 125, 288, whan 44, 53,
137, than 144, 320, lemman 163, man 215, noman 216; C
in : lemman 163, noman 216, J in fangen 86, wrang (verb.)
171, handes 200, 262, wrang 265, brand 319, began 341
und faunge 43. Ich habe überall a eingesetzt. Für ae.
hwonne, hwanne, hwænne bietet V stets whon, P whan, CJ
when. Stets zeigen VC þen, sowohl für lat. quam als auch
tum; P than, J then und than.
Ae. a reimt nie auf festes e; dere (: pere) 243 ist
nicht ae. daru (Brade S. 13). sondern gehört zu derian (vgl.
Mätzner II 1 587).
Ae. æ ist als a bezeugt in wase (ae. wæs): place 327
und raþe (ae. hræþe) : baþe (ae. bâþâ) 347. Das praet. hæfde erscheint im Versinnern, da es unbetont war, in V als hed(de)
in den andern Hss. als had[de]. Ich habe a durchgeführt.
Ae. éa wird zu a in ȝare (ae. gearu) : clare 228,
während es zu e wurde in ȝerde (ae. geard) : ferde : sperde :

unwerde 118. V überliefert hier ʒarde, während es im
Versinnern e hat in werp 124 und help (praet.) 277, wo PCJ
warp(yd) bieten und PC help als Subst. gefasst haben. Da
sogar die nördl. Hs. J help bietet, habe ich keine Aenderung
gewagt. Vgl. überdies S. 60 zu heef. Ae. w fiel vor i aus, ohne Verdumpfung zu hinterlassen,
in sich (ae. swilc): riche : liche : dich 7. V hat im Versinnern
stets such, ebenso wie PC und zuweilen auch J. Nur J bewahrt i (y) in swiche 169, swyche 292, 323. Dem Reime
sich : riche folgend, habe ich überall sich in den Text eingesetzt.
Ae. â blieb unverdumpft, nicht bloss vor w (vgl. Anz.
fda. XII 95) in knawe : lawe : awe (altn. agi) 23; knawen :
wiþdrawen : sawen 236, sondern auch in sare: care : bare
(ae. bâr): ʒare (ae. géaru) 222, baþe (ae. bâþâ): raþe 351;
wahrscheinlich auch in alon (ae. ân) : Susan: merian 49. Dagegen ward es verdumpft in one (ae. ân): none : trone : wone
(ae. wuna oder altn. wani) 53. Nicht beweisend ist one :
wone : lemmone : gone 132. Huchown gehört also zu den
nördlichen Dichtern, die unter dem Einfluss der süd-
licheren Litteratur und aus Bequemlichkeit eine Veränderung
des ae. â eintreten liessen, die der lebenden schottischen
Mundart (abgesehen von w-Einflüssen in to, so) fremd ist.
Auch Barbere bietet in Bruce, Troj. und Leg. den Reim more :
bifore (zweimal im Bruce und im Troj., viermal in Leg.).
Buss (Abschn. VI) will ihn aus einem phonetischen Einfluss
des r erklären, obwohl er gleichzeitig gegen jeden „organi-
schen“ Charakter dieser nördlichen o-Reime sich ausspricht,
und obwohl r sonst eher die Neigung hat, den vorangehen-
den Vokal dem a anzunähern (clerc — clarc). Einleuchten-
der verweist Schröder (Anz. fda. VIII 335) auf die grosse
Verwendbarkeit der Partikel fore. Ausserdem weisen die
Leg. drei Bindungen von onone mit festem o auf, wobei die
Vermutung von Buss, in ae. onâne sei das betonte â später
dem proklitischen on angeglichen worden, schwerlich durch
einen Parallelfall zu stützen ist. Die Fälle von o im Aus-
laut sind teils unsicher (go : Nero wegen des Eigennamens),
teils zu beseitigen (þo gebunden mit do 182, 415 ist nicht

4

ae. þâ, sondern altn. þo, entsprechend dem tamen der Quelle).
In den übrigen von Buss erörterten Fällen, wie cowe (lies
cawe 206, 247): gowe (lies gawe, vgl. Mätzner II 2 258)
u. s. w. liegt kein ae. â vor. Ss. ist also entschieden reicher
an o-Reimen als Barbere, vielleicht wegen Huchowns engerer
Beziehungen zur englischen Litteratur. Ich habe a im Versinnern dann eingesetzt, wenn eine der Hss. es bewahrt hat;
ich durfte â nicht consequent durchführen, da es auch in den
Reimen schwankt.

Reime von a : ai, die für den nordenglischen und schottischen
Dialekt seit ungefähr 1400 charakteristisch sind, finden sich
in Ss. noch nicht. Die ersten derartigen Reime für Nordengland zeigen sich in Thom. of Erceldoune (vgl. Brandl,
Th. of Erceld. 1880 S. 52 und Anz. fda. X 337), für Schottland im Bruce, nämlich was (ae. wæs): ras (ae. reisa) 3, 133
und way (ae. weg): ga (ae. gân) 10, 15; minder verlässlich,
weil auf einen Eigennamen reimend, assayis : sais : Thomas
14.119, 10.352, 17285 (Buss. Kap. V). Zwei Reime aus
Bruce, die Buss dazu anführt, können beseitigt werden:
þai (: wai 11.402) ist altn. þeir (lat. ei), nicht ae. þâ, und
þai (: alswa 2.235) ist umgekehrt ae. þâ, nicht altn. þeir.
Für die Leg. giebt Buss auch eine Reihe von a : ai Reimen
an, die aber alle nicht Stich halten, nämlich: say (: ta 93.103)
ist nicht ae. secgan sondern swâ; ay (: ma 28.993) ist nicht
altn. ey sondern ae. â „immer"; für die altnordh. und altn.
Infinitivform sla (: lai „Gesetz" II 66.361) ist die aus dem
Partizip Pass. entlehnte slay zu setzen; þai (: la, norm. lei
69.525) ist altn. þeir; care (: ayre 222.289) ist nicht ae.
cerran, sondern altn. keyra; hare (: fare, ae. fæger II 162.21)
ist nicht ae. hâr, sondern afrz. haire = härenes Gewand; sane
(: tane 164.261) ist nicht ae. segnian, sondern altn sanna;
lad (: abad 243.993) ist nicht ae. legde, sondern lædde; to
þaim sad (: mad II 26994) giebt so keinen Sinn; Gott hatte
vorher nichts dergleichen gesagt, wohl aber gethan; es ist vermutlich had für sad zu setzen, wie auch Buss II 117.305 vor-
schlägt. Eine weitere Art a: ai-Reime glaubt Buss in Wörtern
zu erkennen, die a + Flexions-i haben, z. B. has : mais
Leg. 170.683. Buss ist nämlich der Ansicht, dass der Flexions-

vokal im Schottischen nicht allein ohne Ausnahme geschrieben, sondern auch durch die Gesetze der Metrik auf das Strengste für die Aussprache gefordert wird. Im ganzen Mittelenglischen des XIV. Jahrhunderts zwingt uns aber nichts zu dieser Annahme. Selbst Chaucer erlaubt sich Unterdrückung solcher Flexionsvokale (vgl. Chaucer Gr. § 259), und als einer von den vielen Reimbeweisen, die auch das Schottische bietet, mag glees (3 sgl prs) : pees (subst.) Ss. 82 angeführt werden. Ae. æ erscheint in Ss. überall als e (über geschlossenes und offenes ê siehe S. 47). Dass es zu a geworden ist, wird durch die Reime ware : clare 173 und þar : bare (ae. bær): mare (ae. mâru) 191, 256 nicht bewiesen (s. Brade S 14), weil, abgesehen vom später westsächsischen þâr (vgl. Sievers Gr. § 321 Anm. 2), altn. þâr und wâru vorlagen.

V hat in Ss., wie oft auch sonst, für langes oder in offener Silbe gedehntes e die südliche Schreibung eo in preostes 33, 206, 302, weor 45, 75, 88, 168, 224, feole 129, seo 132, neodes 140, teone 149, eode 215, ʒeoden 228, leop 229, deol 235, kneos 252, deolfolich 267, freoly 283, dann stets im Pron. heo, ferner in heore 55, 85, heor 36, 58, 59, 101, 200, þeos 53, þeose 311. P hat dafür ie in biern 1, rial 29, hiend 133, piere 33, compiere 345. Das eo war natürlich überall zu beseitigen. Dagegen bewahre ich die Doppelschreibung des e, wie sie oft in V begegnet.

Ae. ié ist im Reim bezeugt als e in ʒeve : mischeve : leve : deve V. 241. Die falsche Schreibung ʒive von V in diesem sichern Fall hat mich auch gegen die Form ʒit in V. 146, 148, 207, 225, 281 skeptisch gemacht.

Festes ẏ reimt auf i in fyre : wyre : schire V. 193. Im Versinnern verwenden alle 4 Hss y und i ohne Unterschied; V hat für y, ẏ sein südliches u eingesetzt: murþes 52, cuþþes 96, cundelet 224, cussed 222, 228, gultes 241, 276, sowie uy für den langen ü-Laut in pruynen 81, cuyþe 233, comuyn 357. In der Schreibung folge ich V getreulich, wo es sich nicht um Dialectdinge handelt; aber südl. u, uy für ae. y, ẏ durfte nicht stehen bleiben. Das u in muche ist nicht eigentlich südlich sondern Labialeinfluss (vgl. Morsbach S. 66) und konnte daher geschont werden.

4*

Ich wende mich jetzt zu einer Gruppe von Wörtern, deren Gemeinsames ist, dass sie nach altem ê (gleichgültig ob aus œ, îe, êo, ê oder aus êa, æ entstanden) einen alten j Laut (h, ʒ) hatten. Nach Buss (Kap. I) sind ae. hêah, êage, tîegau, drêogan, flêogau, altn slêgr und deyja im Bruce nur unter sich gereimt, in Leg. und Troj. aber auch mit e. Es sind so ziemlich dieselben Wörter, mit denen ten Brink (Chaucer Gr. § 41) seine Schwierigkeit hatte. Zu ihnen kommt auch wohl ae sǣgon, welches für ae. seah in den Singular treten konnte (vgl. Chaucer Gr. § 145). Diese Wörter ergaben bei Chaucer z. T. noch ey, meist aber schon y. Letzteres hat im ne. gesiegt mit wenigen Ausnahmen, die ae. ǣ + g betreffen (key und fakult. either, neither); ey blieb nur noch in Schreibungen.

Ueber das Verhalten dieser Lautgruppe im nördlichen Teile Englands des XVI. Jahrh. nehme ich aus den vorhandenen Reimuntersuchungen, die allerdings, weil sie diese Klassifikation nicht immer beachten, darüber nur unvollkommene Auskunft erteilen, folgende Belege: es reimt altes ê + ʒ in

Cursor Mundi (E. E. T. S. 99.101 S. 161* und 198*) auf ai, z. B. ei : away 13546, sonst aber nur auf sich selbst, abgesehen von Kürzungen wie lain : pain 5281, und hiʒt;

Sir Tristrem (Kölbing 1882 S. LXVI) auf i in heye : cri 786, 3158, heiʒe : erly 2514, ferner 3162, 3210;

Amis u. Amiloun (Auchiuleck Ms. ed. Kölbing 1884 S. XXVII) auf ai in unwrain, ain (êagan) : fain 783, 2150;

Thomas Castelford (Chronik von 1327, vgl. Perrin 1890 S. 23) auf i; doch ist in einem Fall altn. deyja zu dee geworden, nämlich de : se (sêon) 5539;

Ywain und Gawain (Schleich 1887 S. XI—XII) auf i in fly : negromancy 804; doch begegnet auch se (ae. ic seah): me 196, das ich aus ae. seah nicht zu erklären vermöchte, wohl aber aus einem in den Singular übertragenen sǣgon.

The Sege of Melayne (Dannenberg 1890 S. 19—20) auf e : tree : nee 449, heghe : Fee 404, heghe : free : three : see 1575, hee : flee : see : heghe 360, heghe : thee 1012, ne : see 1592, three : nere : bee 378, eghe : Christyantee 319, see (sǣgon):

he see 1482 : the : dryee : see (inf.), he see 572 : be, thee
1108 : flee, thee 1346 : bee, neben dry 755 : J.
Nördl. Ipomedon (Kölbing 1889 S. CLXIII) zweimal
auf i in dye : J 1010, 7930, gewöhnlich aber auf e, z. B.
ee : bee 983, 2662, : see (sêon) 4749, dee : se : be : me 1191,
hee (hêah) : mee 1964 : hee (pron.) 4609 : lewte 4749 : wee 6385,
leȝ : þe 6532. Sir Eglamour (Zielke 1889 S. 31) auf i in dye : bye :
dyscrye : verely 1194. Guy of Warwick (E. E. T. S. Extra Ser. XXV—XXVI
S. XI) auf i in sye : sekerly 7387, 11591, seye : envye 8517
und auf ey, e (?). Thom. of Erceldoune (c . 1400 geschr. vgl. Brandl 1880
S. 59) auf e in wrye : me 38, dye (deyja) : be 334, hye : tree
82, : fle 484, lye : me 318, dye : gree 550; Ss. hat bereits durchaus e, vgl. se (1 sg. praet. nach
sǽgon s. o.) : ne (ae. nêah) : tre 316; se (2 sg. praet.) : tre 337,
eene (êagan) : clene 271. I sai (: fay 91) mag direkt dem
ae. seah entsprechen.

Barbere hat nach Buss solche e-Reime im Bruce vermieden und altes ê + ȝ nur mit sich selbst gebunden. Von
seinen Belegen (Kap. I) ist vor allem auszuscheiden fle =
fugere, weil hier ae. flêon ein ganz normales e ergab; Ver-
wechselung mit flêogan anzunehmen ist nicht nötig. Ferner
hat we = altn. wegr ein klares e; es gehört nicht in die
Klasse der Wörter mit altem ê + ȝ; höchstens könnte man
fragen, ob dafür nicht way (ae. weg) einzusetzen sei. Dadurch gewinnen wir e-Reime für die Wörter hey (: we 17.
677, : fle 9. 85), de (: we 13. 218 : fle 8. 61, 9. 594, 12. 487,
13. 307, 14. 277), dre (: we 7. 181, : fle 18. 53), e (: fle 5. 623).
Für Leg. und Troj. lässt Buss solche e-Reime gelten. Zu
streichen sind aber aus seinen Belegen für die Leg. die
Reime fle (= flêon) : me II 168. 387, II 23. 754, 773, : be
3. 3, II 68. 553, II 94. 821, : þe 90. 229, II 175. 207,
II 109. 205, II 110. 255, : he 12. 559, 30. 1165, 230. 47, : se
II 17. 363, II 183. 87, : 118. 181, : trinite II 77. 243, fleis :
seis 115. 77; im Troj. fle : he 2745, ferner he (: dye Troj.
2823), da hier ae. hêah uud nicht he vorliegt. Bruce und

Leg. sind demnach in diesem Punkte nicht so verschieden, als
Buss annimmt, zumal wenn man erwägt, dass die Leg. viermal
mehr Verse zählen als der Bruce. Der Unterschied ist nicht
ein absoluter sondern ein relativer; die e Reime wagen sich
eben im Bruce noch in beschränkterem Masse hervor.
Ueberblickt man die vorstehende Belegsammlung im
Ganzen, so wird man schwerlich geneigt sein, mit Buss zu
behaupten, diese e-Reime seien erst in der Zeit zwischen
Bruce und Leg. im Schottischen eingedrungen, sie seien also
ein Kriterium des XV. Jahrhunderts auf schottischem Boden.
Denn in Schottland und in Nordengland sind sie schon vor
dem Bruce bezeugt. Nur ihr besonders häufiges Auftreten
lässt die Entstehung eines Denkmales eher in das XV. als
XIV. Jahrhundert verlegen. Vereinzelt tauchen sie schon
seit 1327 auf und gewinnen Boden. Es ist wohl die erste
Phase in dem allgemeinen Prozess, durch den die me. i Diph-
thonge ei, ai, oi im Norden ihren zweiten Bestandteil ein-
büssten. In nicht sehr grossem Abstand folgte ai : a. Wenn
sich Bindungen von oi : o erst im XV. Jahrhundert erweisen
lassen, ist daran möglicher Weise nichts anderes schuld, als
dass solche Reime nur selten möglich waren. Die Hs. V
von Ss. überliefert einmal jonyng für joinyng V. 71. Es
ist dies vielleicht ein Zeichen, dass schon zur Zeit der Ab-
fassung von Ss. oi zum einfachen o schwankte.

Die Hss. der Ss. behandeln das ê + ʒ verschieden. V
hat im Reime eyene für eene 271 nere für ne 318 eingesetzt,
sonst aber im Reime das reine e bewahrt. Im Versinnern hat
V heiʒ 6, neiʒed 27, we seiʒ 222, hiʒ 262, þou seʒe 313, neiʒes 318,
neih 348; nur einmal fehlt das ʒ oder h in þei seo (sãgon)
132. P hat eyene (Reim) 271 und y in ny hond 348, sonst
für das Praeteritum von sêon jedoch entweder saawe 132, 222,
315 oder eine Construction mit dem Infinitiv se 313, 337.
C hat nur im Reim (316, 337) e, sonst überliefert es syghe
132, 222, hye 262, yne (im Reim) 271, nyʒes 318, seghe 313.
J bewahrt ebenfalls e im Reim, ausser in eyene 241, sonst
hat J hyly 6, neghes 318, neyghes 348. Bei so wenigen Belegen von e habe ich nicht gewagt, es überall durchzuführen;
ich folge daher im Versinnern der Schreibung von V.

Die alten Vokale der Suffixe sind in den Reimen der Ss. streng bewahrt, vgl. lynage : langage : message : sage 16, merian: Susan: an 51, damesene : grene : trene 89, avoutri : trewely : deny 142, ladi : selli : cri 154, ladi : avoutri : hi 161 u. s. w. Ebenso streng ist der Bruce; wenn im Bruce gelegentlich frz. u auf ou reimt, z. B. avent(o)ure : succoure Bruce 7, 69 (vgl. Buss II 2), so möchte ich angesichts von Reimen wie cure : houre Leg. II 175. 193 : toure 70. 577 : laboure II 167, 313 u. s. w. nicht auf Suffixvertauschung schliessen, sondern eher auf ne. Aussprache des frz. u (= ʒu), da der eigentlich entsprechende ü-Laut dem Norden wohl fremd war. Anders stünde es um den Reim ae. dôn : confusioun 11. 300, den Buss II 4 aus dem Bruce zitiert, wenn er so hiesse; aber thatsächlich liegt nicht ae. dôn sondern vielmehr ae. dûn vor. Dagegen schwanken die Vokale der Bildungssilben schon sehr in den Legenden; Buss (Abschnitt IX) hat schon auf Reime wie apostil : til, discipil : til u. s. w. hingewiesen; sie liessen sich ungemein vermehren; hier nur einige Beispiele : consale: hale (ae. hâl) 68.4517, : fel 70.595; evangele : quhile 117. 100, 119.35; 135.881; bishop : ʒape 57.318; 58.375 u. ö.; Jesum : nome 213.45; preface : þo doctoure sais II 70.692; lordschipe : kepe 1235, 1329; cauteles; whiles 1360; certane: ane 1785, 1997, 2048, 2234 (vgl. Buss V 4); appareil (geschr. apparele) : hale (ae. hâl) 3037. Die Vergleichung wirft Licht auf die höhere metrische Technik des Bruce und der Ss.; denn um Reinheit des Reimes handelt es sich dabei gewiss mehr als um eine plötzliche Veränderung der Sprechweise.

Von den Has. bewahrt V am besten die unbetonten Silben. Eine Eigentümlichkeit von V ist die häufige Endung us statt es in orchardus 5, erbus 8, jewus 28, cherlus 47, im ganzen 24 mal. Ferner hat V u für normales e in aftur 121, 185, 232, undur 125, 136, 316 (neben under 336), nouþur 190, toþur 328; ferner ey in gardeyn 42 (daneben gardin nach jardin 67), stotcyd 285; das Suffix ful erscheint zweimal als fol in serwfol 261, deolfolich 267, auch selbständig fol 81, sonst aber als ful; ein einziger Comparativ endet auf ore : soriore 255. Die franz. Suffixe sind bis auf jentel 71 (daneben jentil 2) und persel 107 in V bewahrt; zweimal erscheint iu der Zwischen-

silbe e statt i in presedent 304, neben presidens 33, und
signefyes 287, einmal u für e in sovureyn 223 (neben soverayn
57). Für normales e gebraucht P ohne Unterschied e, i und y und
einmal u in wondur 201, während er die franz. Suffixe besser
bewahrt; für den Komp. soriore hat P sorier 255 wie C J;
C und J haben ebenso häufig i und y in unbetonten Silben
für ae. e, und C einmal u in middulerthe 263; J hat auch die
frz. Suffixe stark vernachlässigt in sesyn 66 und dongen 175.
Ich folge in meinem Texte den Normalformen der Reime.
Anders steht es mit der ersten Silbe der ae. Präposition
upon. Im Original der Ss. hatte sie wohl die im Nordenglischen und Schottischen allgemein verbreitete Form apon,
da sogar das südliche V einmal apon (V. 58) überliefert.
J hat stets apon, ausgenommen opon 106 und opo 132;
PC dagegen zeigen nur uppon. Ich habe daher im Text apon
durchgeführt.

Das End-e ist stumm, wie ausser dem Rhythmus auch
folgende Reime beweisen: care (ae. cearu) : bare (ae. bâr
nom.) 224, foode (ae. fôda) : blode (ae. blôd acc.) 283, place:
face : case : wase (ae. waes) 333, hyng (inf.) : spryng (inf.):
wederlyng 101, mete (inf.) : feete (ae. fêt) 259, stode (ae.
shôdon) : blode (ae. blôd ae. 285, lees (ae. lêosan) : knes : tres
358. Die Hss. behandeln es willkürlich; ich bin im Text V
gefolgt.

Bei den Consonanten ist auffällig, dass ae. inter-
vokalisches f auf frz. v reimt in leve (Laub) : creve (ae.
crafian) : cheve : preve (afrz. prueve) 109, mischeve : deve (afrz.
desver) 239. Die Hs. V hat zwischen zwei alten Vokalen stets v,
auch sogar dann, wenn das ne. eine Form mit f bevorzugt hat:
wiþ leve 109, kevercheve (acc.) 158, in mischeve 239, my-
selven (acc. sg.) 316 neben þiself (acc. sg.) 332. Im Reime
hat V geändert in nempne (statt neven) : heven : seven : stevene
266. Daher habe ich, obgleich die andern Hss. öfters f
bieten (P in pref 160, kerchief 158, myschef 239, myself
316, þiself 332, C in kyrchefe 158, myschefe 239, forgyfe 241,
lofsom 275, myself 316, þyself 332, J in chefe 105, prefe 107,
lefe 109, kourcheffe 158, forgiffe 241, lufsom 237) nicht gewagt, von V abzuweichen. Dagegen habe ich für hed 101,

192, 317, 339 (V) heved eingesetzt, da V diese alte Form erhalten hat in 58 u. 200, und J stets heved schreibt; PC haben stets hed. Abgefallen ist v in V beim plur. praes. han 311 und beim Infinitiv ha(ve) V. 344, 359, was als nördl. Eigentümlichkeit im Text bewahrt werden musste.

Aehnlich erscheint ae. c neben einem alten hellen Vokal in V stets als ch; ebenso in PC; nur J bewahrt k in mykyl 149, 315 (neben much) und benke 307. Endreime geben uns darüber keinen sicheren Aufschluss (vgl. riche : dich : liche : sich 1); doch sei hingewiesen auf den Reim im Cursor Mundi Prolog 175, wo preche auf leche reimt. Ich bin daher bei V geblieben. Eine andere Behandlung findet das Suffix -lic.

V schreibt gewöhnlich -liche, doch auch ly, li: soþely 13, 316, schaply 118, 194, specialy 122, richeli 211, kenely 214, ʒaply 228, kyndeli 249, holi 277, freoly 283, sodeynly 301, trewly 314, 340, freli 329, semeli 337, ruydely 341, loveli 353, pertli 355; die andern Hss. zeigen alle mehr oder weniger dasselbe Schwanken. Zwei Endreime entscheiden hier gegen die Gepflogenheit von V : treweli : avoutri 141, selli : cri : ladi 155. Ich habe daher stets ly gesetzt.

c vor w fiel in V ab in wince, wederlyng 102, und waint 205 (wo der Stabreim ein c fordert).

l erscheint als r in volkstümlicheu Pflanzennamen: sor-secle 110, blaunderers 97, peletre 116.

Substantivische Pluralbildung mit en ist durch den Reim noch gesichert in trene : grene 88, eene (ae. êagan) : sene : clene 270, sawen (ae. sagum) : dawen (dagum) : wiþ-drawen : knawen 236. Einmal zeigt V im Innern peren 82. Sonst herrscht Pluralbildung mit es, auch bei ae. guma (gomes : domes : comes) (3 sgl.) 38. Ohne Endung finden sich bei V folgende Plurale: pynappel 82, goldfinch 84, fruit 84, 43. Die Endung wird meistens ohne Vokal geschrieben, wenn sie auf eine Suffixsilbe, auslautend auf eine Liquida, folgt; Ausnahmen in V: maidenes 49, in P: maydenes 49, 211, in C: loselles 161, traytoures 356, am häufigsten in J : blossomes 78, 79, canelles 83, blaundrelles 97, loselles 161, wouderes 169, cosynes 170, maydenes 211.

Die Pronomina weisen wie gewöhnlich die mannig-

fachsten Formen auf, und der Mangel an Reimen macht hier
die Entscheidung besonders schwer.　—

Das pron. pers. nom. sing. fem. heisst bei V stets heo,
bei PC she, sche und bei J sche, in keiner Hs. scho; die cas.
obliqui dazu lauten in V hir, hire, in P her, in C hyr, her,
here, in J hire. Das pron. pers. nom. sing. neutr. lautet in V hit, ebenso
in C, aber it in PJ. Das pron. plur. nom. heisst in allen 4 Hss. þei und þey;
nur C hat einmal thay 133, und V þe 285 und einmal die
auffällige Form þauȝ 335. Der cas. obliqu. lautet in allen 4 Hss.
hem, aber in J auch þem 43, 133, 200, 296, 303, 356. Das
possess. dazu heisst in V here 57, heore 55, 85, her 31, 160,
heor 36, 58, 59, 101, 200, in P stets her oder here, in C her
297, here 200, 299, þer 160, 206, in J her 86, 206, þer 36, 59,
þeir 18, 38, 101, 160, 198, 260, 299.

Dem nördlichen Charakter der Reime entsprechend habe
ich im Text die dialekt. Scheideformen: sche hire, it, þey, þer
þem, þer bevorzugt. Der Hs. J als der inconsequentesten
von allen vermochte ich die Form þeir nicht zu glauben.
Ueberdies sind sche und þer auch bei Barbere nicht unerhört
(vgl. Henschel, Flexionslehre in J. Barbours Bruce. Diss.
Leipzig 1886 S. 28).

Für das pron. dem. plur. bietet V þis 39, 40, 47, 131,
140, 160, 325 wie im sg., ferner þese 288, þeos 53, þeose 311;
P þes und þese, ebenso C; J þis 96, þiis 40, 47, 53, 131, 241,
288, þies 79, 81, 83, 84, 146, 218 und einmal þir 294. Die
Veränderung von þis ferlys (plur.) V. 361 in den Singular
þis ferly in C, wo C das þis als Singular gefasst und danach
geändert hat, scheint mir anzudeuten, dass das Original þis
hatte, ich habe es daher überall durchgeführt.

Das Verbum ist in 2. pers. sing. ind. praes. nicht im
Reim vorhanden. Im Versinnern haben VPC meistens die
Endung st; doch steht s in seis (sayes) VP 287 und stets
in J ausser in seiþ (verderbt für said) V. 287.

Die 3. sing. praes. ist gesichert durch die Reime comes :
domes (subst.) 36 und hedes : dredes : dedes (substant.) 184. V
hat das s im Versinnern bewahrt in neiȝes 318, takes V 349,

proves 355 sonst eþ; P hat immer eþ; iþ, C zeigt s neben eþ
in has 188, dyrects 278, nyzes 318; J hat immer s.

Der plur. praes. ind. hat bei subst. Subjekt die Endung
s im Reim gles : trees 354; bei pronominalem Subjekt einmal s in (þey gladed) and glees : trees 84, meistens aber keine
Endung, so: þei play : day 63, þei croude : loude 79, ferner in
V. 96, 105, 164. V hat im Versinnern, wie auch die übrigen
Hss., gewöhnlich die Endung en, yn, sogar doþ 242; V bewahrt das s nur in findes 160, signefies 287, P in signefies
287, C und J in glades 354; ohne Endung sind in V die plur.:
þei lerne 23, þei worship 134, we witnesse 220, þei trompe
356; in P: fynd 160, do 242, trumpe 356; in C: they present
206, wettenesse we 220, spylle ʒe 284; in J: þei spede 1''3,
present up 206.

Der plur. imper. hat im Versinnern keine Endung in
umbiloke 291 VPC und in spede 122 C; V hat aber eþ in
aspieþ 122, wo P spies bewahrt hat.

Ich habe in der 2. u. 3. pers. sgl. das s durchgeführt,
im Plur. andrerseits die Endung en überall 'beseitigt und
nach subst. Subjekt dafür s eingesetzt, nach pron. Subjekt
dagegen s belassen, event. Endungslosigkeit eingeführt; im
plur. imper. habe ich aspieþ in aspies verwandelt.

Das part. praes. lautet bei V stets auf yng, einmal auf
ynde 313; ebenso hat PC stets yng, C nur einmal and in
brennand 350; J dagegen bewahrt stets and. Ich habe stets
and durchgeführt.

Der inf. praes. erscheint 29 mal im Reim, stets ohne
Endung, z. B. say : day 13, rede : (welle subst.) 22, knawe :
lawe 24 u. s. w. bis auf to sene (: grene : trene) 69, 73, wo
ein Rest des flektierten Inf. tô sêone vorliegt. Im Versinnern hat V den im Süden beliebteren Inf. mit n in senden
185, presenten 202, ben 136. In V. 65 überliefern auffälliger Weise alle Hss. einen Inf. auf n : worchen (wyrthin J).
Er hat wahrscheinlich im Original gestanden, da das en hier
auch metrisch wohl am Platze ist. Es ist eine häufige, auch
bei Chaucer zu beobachtende Erscheinung, dass sich solches
en im Versinnern weit besser hielt als im Reim; ich wagte

daher die Ueberlieferung von V in diesem Punkte nicht an-
zutasten.

Im Praet. der starken Verben ist nach nördlicher Gepflogenheit der Vokal des Sing. in deu Plural übertragen in
den Reimen chese : sese (inf.) 47, say (wohl nach dem über
ê + ȝ Bemerkten aus ae. seah herzuleiton): away 218. So
manchmal auch im Versinnern, sogar bei V, vgl. was 195 und
die praet. praes. men can (gan) 288, ȝe þarf 137, schal 141,
298, 309, obwohl hier meist in südl. Weise der Ablautsvokal
des Plurals erscheint: schul 202, 259, 346, mou 345. Die
andern Hss. haben ebenfalls men gan (gon C); þarf haben
sie aber in einen Sing. verwandelt: þe þarf; sonst hat P mit
Ausnahme von shal 309 stets shul, C shall 141, 259, 298
neben schull 202, 309, shul 346, J dagegen stets schall 296,
346, sal 202, 259, 298; ferner hat J was (plur.) bewahrt in
V. 28. 31. 68. Ich habe überall schal durchgeführt und was
(plur.) dort eingesetzt, wo eine Hss. es überlieferte. Die gut
nördl. Form sal in J liess ich ungern fallen; J bietet sie
selbst nicht consequent uud wird von keiner andern Hs.
darin unterstützt; in V. 46 scheint der Stabreim ein schold
nachdrücklich zu begünstigen; sonst erscheint im Schott. erst
schall bei King James (vgl. Hahn, Zur Verbal- und Nominal-
Flexion bei Robert Burns. I Berlin 1887 S. 32). Bemerkeuswert
ist noch die Praesensform wol V. 52, 124, 135 in V, offenbar
eine Anlehnung an das Praet. wolde.

Ae. dragan ist in die Klasse der reduplizierten Verben
übergetreten, wie der Reim drewe : hewe 40 beweist, ebenso
im Versinnern bei V heef (zu ae. hebban) V. 82. Andrerseits sind in den Hss. V J ae. grôwan und bûgan schwach
geworden (growed 67, bouwed 232), während sie im Reim
noch stark sind (grewe : bewe : hewe 95).

Die 2 sgl. praet. ist im Reim endungslos, vgl. þou se : tre
337, þou wase : case 333, said : feiþ 289. V überliefert einmal
das südl. st in seidest 313. Die praet. praes. haben folgende
Formen: in V wost 265, 272, wolt 135, maiȝt 270, schalt
344; in P : wost 265, 272, wilt 135, may 270, shalt 344; in
C : wote 265, wilt 135, may 270, shalt 344; in J : wotes

265, wates 272, may 270, sal 344. Ich habe in nördl. Art keine Endung gesetzt: wate, may, schal. Nur habe ich art und wolt gelassen, da auch art bei Barbere stets durchgeführt ist (vgl. Henschel S. 65) und auf wolt þou folgt. Der plur. praet. hat im Reim keine Endung : drewe : hewe (subst.) 40, chese : juwesse 47, grewe : bewe : hewe (subst.) 95, stode : blode 285. V schreibt oft en : wreþen 55, drawen 131, comen 157, sykeden 172, ʒenden 228, brouʒten 328; ebenso P : hidyn 58, drewyn 131, ʒedyn 238, settyn 306; und C : comen 157, fownden 160, wrongon 171, wepten 171, fellen 352. Diese Endung habe ich, im Hinblick auf die ähnliche Behandlung der Infinitive nicht beseitigt.

Bei den schwachen Verben ist ein Reim ẹd belegt in hored : rored : lord : acord 339. V hat im Versinnern meistens ed, aber zuweilen die nördliche Schreibung et namentlich bei franz. Wörtern: recordet 60, ragget 112, weddet 186, cundelet 224, bretenet 147, trinet 225, failet 281, jugget 312, disceyret 332; die andern Hss. haben nur ed, id, yd. Wegen der geringen Belege und namentlich wegen des Reimes hored : rored : lord habe ich es nicht gewagt, überall et durchzuführen, obwohl diese Form im südlichen V sohr bedeutsam ist; ich halte mich also an V.

Das part. praet. der starken Verben hat im Reim stets die Endung n, vgl. gone : one 138, knawen : drawen : sawen : dawen 236, bene : bideene 311, sene (ae. gesiene) : wene 203, : clene 270, : bideene 309. V schreibt n im Versinnern in chosen 93, drawen 326, knowen 306 und setzt ausserdem oft das südl. Präfix i vor: idiht 8, iþeuwed 73, ipiht 108 iknawen 238, ibc 304, P hat das n nie bewahrt, C nur in holden 119, drawen 131, 346, browen 307, knowen 306, dagegen bewahrt es J stets. Den Reimen und J folgend habe ich überall en gesetzt. Das Präfix i, dessen Vorkommen übrigens auf V beschränkt ist, wäre um diese Zeit in einem nördl. Denkmal eine Anomalie.

Dass es sich bei der oben dargelegten Behandlung des Textes in dialektischer Hinsicht nur um eine Wahrscheinlichkeitsrechnung handelt, ist ein Mangel, der sich schwerlich vermeiden liess, ohne in noch gefährlichere Willkür zu verfallen. Die streng nördlichen Formen des John Barbere einzuführen wäre leicht gewesen; aber Huchown, als ein naher Anwohner der englischen Grenze, der sich in litterarischer Kunst, namentlich in der Metrik und den alliterierenden Formeln als ein enger Nachahmer englischer Vorbilder zeigt, mochte bereits in mancher Hinsicht der eben sich bildenden mittelländischen Schriftsprache mehr zuneigen und hierin dem direct in der Schriftsprache dichtenden Schottenkönig vorangehen. In rein orthographischen Dingen bin ich bei V geblieben, als bei der Hs., die den besten Wortlaut bietet, und bin überhaupt nur von ihr abgewichen, wo ich eine zwingende Notwendigkeit sah, um nicht den Boden unter den Füssen zu verlieren. Lieber zu conservativ, als zu willkürlich! Hätte ich aber auch ihre südliche Dialektfärbung beibehalten, so wäre mein kritischer Text doch ein sehr fremd aussehendes Abbild des ohne Zweifel schottischen Originals geworden. Eine rein nördliche Hs., die für die Dialektformen schlankweg als Grundlage dienen könnte, ist nicht vorhanden; selbst J hat viel Mittelländisches, bietet überdies den Text in einem sehr verderbten Zustand und scheint eher aus einer mittelländischen Zwischenkopie ins nördliche zurückübertragen zu sein. Um stets eine Kontrolle und Korrektur zu ermöglichen, habe ich alle dialektischen Abweichungen in die Varianten gesetzt.

VITA.

Ich, Hans L. F. Köster, wurde am 23. Mai 1868 zu Elmshorn (Kreis Pinneberg) als Sohn des Pastors J. H. Köster und seiner Gattin Bertha, geb. Henrichsen, geboren. Meine Eltern siedelten kurz nach meiner Geburt nach Helgoland über. In der dortigen Volksschule erhielt ich meine Vorbildung. Von meinem vierzehnten Lebensjahr an übernahm mein Vater selbst meine weitere Erziehung und bereitete mich mit grosser Aufopferung und Liebe für den Besuch des Gymnasiums vor. Michaelis 1883 trat ich in die Gelehrtenschule des Johanneums in Hamburg ein und bestand mein Maturitätsexamen daselbst Ostern 1890. Darauf bezog ich die Universität Göttingen, um die neueren Sprachen zu studieren und gleichzeitig der Militärpflicht zu genügen. Nach drei Semestern ging ich nach Wien, blieb dort zwei Semester, und seit Michaelis 1892 studiere ich in Strassburg.

Für reichliche Förderung meiner Studien bin ich zu Dank verpflichtet den Herrn Professoren Gröber, Heinzel, Martin, Miller, Minor, Schipper, Windelband und Ziegler; vor allem aber Herrn Prof. Brandl, der mich in die Anglistik eingeführt, mir während meiner ganzen Studienzeit stets ratend zur Seite gestanden und mich bei dieser Arbeit besonders mit Rat und That unterstützt hat.